LINDA FINKE

WEIL DU EIN WERTVOLLER JUNGE BIST

EIN MAGISCHES KINDERBUCH MIT INSPIRIERENDEN BILDERN UND GESCHICHTEN ÜBER SELBSTLIEBE, SELBSTVERTRAUEN UND MUT

INHALT

Bevor es losgeht ...

Hallo, du!

Ganz bestimmt freust du dich schon sehr darauf, die tollen Geschichten in diesem Buch zu lesen. Aber bevor es losgeht, möchte ich dir noch kurz etwas über das Buch erzählen.

In diesem Buch erwarten dich sieben spannende und manchmal sogar richtig abenteuerliche Geschichten. Du lernst darin mutige und starke Jungen kennen, die schwierige Herausforderungen bewältigen. Aber was heißt es eigentlich, mutig und stark zu sein? Hast du dich das schon mal gefragt? Wahrscheinlich denkst du, wie so viele Menschen, dass Stärke nur aus den Muskeln kommt und dass mutige Menschen niemals Angst haben. Doch das stimmt nicht!

Die größte Stärke ist tief in dir drin, in deinem Herzen, und dabei kommt es auf Muskeln überhaupt nicht an. Und dort, in deinem Herzen, ist auch der Mut. Mut heißt nicht, alles mitzumachen und besonders waghalsig zu sein. Ganz im Gegenteil: Mutig bist du, wenn du das tust, was du selbst willst, auch wenn andere dich dafür auslachen. Mut und

Stärke erfordern Selbstbewusstsein und Selbstbewusstsein heißt, dass du zu dir selbst stehst. Jeder Mensch ist wertvoll und einzigartig, ganz egal, was andere sagen oder denken. Und das heißt: Auch du bist wertvoll und einzigartig. Höre nicht auf die Menschen, die dir etwas anderes einreden wollen, und zweifle auch nicht an dir, wenn du mal in schwierige Situationen kommst.

Wir alle erleben im Laufe unseres Lebens immer wieder kleine und große Herausforderungen und oft müssen wir auch anderen Menschen helfen. In all diesen Situationen brauchst du deinen Mut und deine innere Stärke. Du musst dir gute Lösungen überlegen, einen kühlen Kopf bewahren und darfst auch deinen Humor nicht verlieren. Das Wichtigste ist aber, dass du dich selbst nicht verlierst. Du musst immer du selbst bleiben und deinen eigenen Weg gehen. Denn es ist dein eigenes Leben und du sollst es glücklich leben, so, wie du es willst.

Auf deinem Weg bist du aber nicht allein. So, wie du anderen hilfst, hast du bestimmt auch liebe Menschen, die dir helfen. Sicher hast du eine liebevolle Familie, die hinter dir steht und dich auf deinem eigenen Weg stärkt. Und bestimmt hast du auch tolle Freunde, auf die du dich immer verlassen kannst und die dich so respektieren, wie du bist. Und wenn nicht, dann findest du welche, ganz sicher. Du musst nur du selbst sein, an dich und dein Glück glauben und dich auch respektvoll gegenüber den anderen verhalten.

Aber was sollen diese ganzen Worte hier vor den Geschichten? Du hast recht, die Geschichten sind viel spannender und viel interessanter. Und sie zeigen dir auch viel besser, worauf es bei Mut und Stärke wirklich ankommt. Also will ich dich jetzt nicht länger aufhalten und langweilen. Ich hoffe, das habe ich nicht schon getan? Die Geschichten warten auf dich. Viel Spaß beim Lesen!

Ach, doch noch etwas: Die Geschichten in diesem Buch sind für dich sehr spannend, wertvoll und wichtig und du kannst daraus immer wieder neue Stärke gewinnen. Aber auch deinen Eltern, deinen Geschwistern und deinen Freunden können diese sieben Geschichten sicher vieles zeigen, was sie über das Leben und die eigene innere Stärke noch gar nicht wissen. Wenn du möchtest (aber nur dann), teile doch das, was du liest, mit diesen Menschen. Erzähle ihnen davon, lies ihnen das Buch vor, lies es mit ihnen zusammen oder lass es dir von ihnen vorlesen. Aber wie gesagt: Nur, wenn du selbst das möchtest. Es ist ja dein Buch.

So, nun habe ich dich aber wirklich lange genug aufgehalten. Jetzt geht es wirklich endlich los mit den spannenden Geschichten!

Wie findet man einen wahren Freund?

Torge ist neun Jahre alt und wohnt mit seiner Mama, seinem Papa und seiner großen Schwester Kirstin in einer ruhigen kleinen Stadt. Die Familie hat ein kleines Haus mit einem schönen Garten in einer netten Wohnstraße. Nicht so schön ist, dass es in der Nachbarschaft keine Freunde für Torge gibt. Alle anderen Kinder hier sind viel älter oder viel jünger als Torge. Er hat aber einen besten Freund. Dieser Freund heißt Boris und ist noch acht Jahre alt, wird aber auch bald neun. Leider wohnt er ganz am anderen Ende der Stadt. Aber die Stadt ist ja klein und beide Freunde fahren sehr gut Fahrrad.

So schaffen sie den Weg zwischen ihren Häusern in 15 Minuten und können sich oft besuchen. Zusammen gehen sie gern schwimmen, fahren Rad, hören Musik oder gehen auf den Abenteuerspielplatz der Stadt. Torge und Boris sind schon seit dem Kindergarten beste Freunde. Dummerweise sind sie nicht in derselben Schulklasse. Boris wurde ein Jahr später eingeschult als Torge. Er ist jetzt erst in der zweiten Klasse, aber Torge ist schon in der dritten Klasse. Das finden die beiden Jungen sehr schade.

Besonders für Torge ist das nicht schön, weil er in seiner Klasse keine Freunde hat. Mit den Mädchen versteht er sich eigentlich ganz gut. Aber in der Freizeit wollen sie sich nicht mit ihm treffen und auch auf dem Schulhof möchten sie das nicht so gern. Denn sie finden es komisch, wenn ein Junge mit zu einer Mädchengruppe gehört. Torge findet das schade, aber er kann sie ja nicht zwingen, mit ihm befreundet zu sein. Die Jungen in Torges Klasse sind alle sehr laut, schreien und rangeln oft und benutzen viele Schimpfwörter. Viele von ihnen spielen auch gewalttätige Computerspiele. Torge mag so etwas nicht.

Er ist ein sehr ruhiger Mensch und liebt den Frieden. Er sagt immer: „Es gibt viel zu viel Krieg und Gewalt auf der

Welt. Warum muss man immer streiten und sich wehtun? Es wäre doch viel schöner, wenn alle gut miteinander umgehen würden." Seine Mitschüler verstehen Torges friedfertige Art nicht und manche lachen ihn sogar dafür aus.

Aber Torge findet es mittlerweile gar nicht mehr so schlimm, dass er keine Freunde in seiner Klasse hat. Mit seinen neun Jahren ist er schon ziemlich reif und sagt: „Wenn sie mich nicht verstehen, dann verstehen sie mich eben nicht. Ich möchte nicht so sein wie die anderen, nur um von ihnen gemocht zu werden. Ich weiß, dass meine Einstellung richtig ist, und ich bleibe dabei." Seine Eltern, seine Schwester Kirstin und auch Boris bewundern ihn für diese starke Art. Aber Torge sagt: „Allein wäre ich vielleicht gar nicht so stark. Aber ich habe ja auch noch euch. Wir halten zusammen, das ist wichtig."

Boris hat in seiner Klasse ein paar Freunde, mit denen er sich auch manchmal in der Freizeit trifft. Torge hat damit kein Problem und vertraut darauf, dass die Freundschaft der beiden ewig hält. Es ist für ihn auch nicht schlimm, wenn Boris mal keine Zeit für ihn hat, denn er findet immer etwas zu tun. Er liest und zeichnet sehr gern, aber vor allem kümmert er sich sehr gern um den schönen Naturgarten der Familie. Denn er findet nicht nur, dass alle Menschen gut miteinander umgehen sollten, sondern dass man auch gut für alle Tiere und Pflanzen sorgen und respektvoll mit ihnen umgehen sollte. Er interessiert sich sehr für die Natur und weiß, dass viele Tiere und Pflanzen auf der Welt vom Aussterben bedroht sind, sogar hier bei uns in Deutschland. Alle in seiner Familie teilen Torges Liebe zu Tieren und Pflanzen. Seine Eltern sind beide Tierärzte und haben zusammen eine Praxis. Seine Schwester Kirstin, die schon 14 Jahre alt ist, hilft an zwei Nachmittagen pro Woche im Tierheim. Alle in der Familie achten auf ihren Wegen auch immer darauf, wo Tiere oder Pflanzen Hilfe brauchen.

Torge verbringt viel Zeit im Garten und hat schon mehrere Nistkästen für Vögel, ein Insektenhotel und ein Igelhotel gebaut. Er ist handwerklich sehr begabt. Als er kleiner war, wollte er Tischler werden und schöne einzigartige Möbel bauen. Aber inzwischen möchte er lieber Tierarzt werden oder vielleicht auch Naturforscher. Ganz genau weiß er es noch nicht, aber er hat ja auch noch Zeit, um es sich zu überlegen.

Auf jeden Fall ist ihm klar: „Ich will später mit meinem Beruf etwas tun, um Tieren oder Pflanzen zu helfen. Möbel bauen kann ich ja auch noch in meiner Freizeit." Die meisten Kinder in seiner Klasse verstehen Torges Liebe zu Tieren und Pflanzen genauso wenig wie seine friedliche, freundliche Art gegenüber Menschen. Torge hat öfters versucht, ihnen zu erklären, dass die Menschen eine Verantwortung für die Tiere und Pflanzen und überhaupt für die ganze Natur haben, aber inzwischen hat er es aufgegeben. „Pure Energieverschwendung!" denkt er nur noch genervt.

Leider hat auch Boris nicht so viel für Tiere und Pflanzen übrig. Bei seinem besten Freund kann Torge das nicht so gut verkraften, aber er versucht, sich seine Enttäuschung nicht anmerken zu lassen. In letzter Zeit sehen sich Torge und Boris auch immer seltener. Das ist auch Mama, Papa und Kirstin schon aufgefallen.

Beim Abendbrot fragt Kirstin: „Was ist denn eigentlich mit dir und Boris los? Ihr wart doch früher immer zusammen. Habt ihr euch gestritten?" Torge antwortet: „Nein, du weißt, ich mag keinen Streit. Boris hat eben auch noch andere Freunde und andere Interessen." Mama, Papa und Kirstin gucken sich ein wenig besorgt an, aber bohren nicht weiter nach.

Im Stillen ist Torge schon ein bisschen traurig, dass sein bester Freund nur noch so wenig Zeit für ihn hat. Noch schlimmer findet er aber, dass es Boris egal ist, wie es den Tieren und Pflanzen geht. Die beiden Freunde haben sich wirklich schon manchmal fast deswegen gestritten. Boris hat nämlich die dumme Angewohnheit, seinen Müll unterwegs einfach irgendwo in die Landschaft zu werfen. Torge hat ihm erklärt, dass Tiere sich daran verletzen können oder sogar sterben können, wenn sie den Müll fressen. Da hat Boris nur gesagt: „Wenn die so blöd sind, sind die selbst schuld.“ Torge hat seinen Ohren nicht getraut. Was ist bloß mit seinem besten Freund los? Aber er will trotzdem weiter an die Freundschaft glauben und auch daran, dass Boris irgendwann vernünftig wird und gut mit Tieren, Pflanzen und der ganzen Natur umgeht.

Im Moment hat Boris aber ganz andere Interessen. Er spielt neuerdings auch Computerspiele wie die anderen Jungen. „Warum machst du das? Was ist so toll daran?“ hat Torge ihn gefragt. Boris hat geantwortet: „Alle machen das doch. Das muss man einfach machen, um cool zu sein.“ Torge hat nur den Kopf geschüttelt: „Nein, muss man nicht. Cool ist, wenn man etwas Gutes für die Welt tut und zu sich selbst steht.“ Da hat Boris ihn nur verständnislos angeguckt.

Auch heute hat Boris mal wieder keine Zeit für Torge. Es ist ein Montag und der erste Tag der Frühjahrsferien. Torge hatte eigentlich gehofft, dass er mit Boris auf den Abenteuerspielplatz gehen kann. Jetzt denkt er: „Na gut, wenn Boris lieber am Computer rumhängt bei dem Wetter, dann ist das seine Sache. Ich gehe jetzt raus und habe trotzdem meinen Spaß.“ Mama und Papa müssen auch in den Ferien arbeiten, denn ihre tierischen Patienten brauchen immer Hilfe. Kirstin ist heute bei ihrer besten Freundin.

Also will Torge sich allein einen schönen Tag machen. Das Wetter ist wirklich herrlich, fast schon wie Sommer. Zum Abenteuerspielplatz muss Torge ein Stück durch die Stadt gehen. Er nimmt heute nicht das Fahrrad, denn er hat ja viel Zeit. Die Straßen sind fast leer, kaum ein Mensch ist unterwegs. Torge wundert sich ein bisschen, aber denkt dann: „Bei dem tollen Wetter sind bestimmt viele ans Meer gefahren. Es sind ja Ferien.“ Er freut sich, dass er nicht so vielen Leuten begegnet und dass kaum ein Auto unterwegs ist. Er liebt ja die Ruhe.

Doch plötzlich, als er durch eine kleine Straße geht, ist es gar nicht mehr so ruhig. In der Straße gibt es einige alte Häuser und in einem davon befindet sich eine Arztpraxis. Von Weitem sieht Torge, dass vor der Arztpraxis drei Kinder stehen, die komische Geräusche machen und dazu lachen. Er hört auch das Jaulen und Fiepsen eines Hundes. Was passiert da? Torge ist alarmiert. Er fängt an zu laufen, um schnell zu dem Hund und den Kindern zu kommen. Sonst ist niemand in der Nähe. Im Laufen erkennt er, was da los ist. Die Kinder ärgern den armen kleinen Hund, der vor der Arztpraxis angeleint ist.

Sie äffen sein Jaulen und Fiepsen nach und machen auch Geräusche, als würden sie bellen. Dabei stehen sie in bedrohlicher Haltung vor dem kleinen Hund. Der Hund hat sich an die Mauer gedrückt und weint herzzerreißend. Torge kann es kaum ertragen. Schon von Weitem ruft er: „Ey, ihr da, lasst sofort den Hund in Ruhe!"

Die Kinder drehen sich um, sodass Torge ihre Gesichter sieht. Und Torge traut seinen Augen kaum. Wen sieht er da? Seinen besten Freund Boris und zwei Jungen aus seiner Klasse. Boris guckt etwas erschrocken, aber seine zwei Freunde kehren sich wieder um und ärgern den Hund weiter. Jetzt ist Torge endlich da. „Boris, sag mal, spinnst du?“ schreit er seinen Freund an.

Normalerweise schreit Torge nicht, aber selbst der ruhigste Mensch gerät mal an seine Grenzen. Die beiden anderen Jungen ärgern immer noch den Hund. Torge stellt sich zwischen das arme kleine Wesen und die gemeinen Jungen und sagt in festem Ton: „Ihr hört jetzt sofort auf damit! Habt ihr mich verstanden?“ Die Jungen lachen: „Was willst du denn tun? Du magst doch keine Gewalt.“

Boris steht daneben und grinst blöd. Torge muss sich wirklich beherrschen, um nicht zu vergessen, dass Gewalt keine Lösung ist. Ruhig holt er sein Handy aus der Tasche und sagt: „Ich werde die Polizei rufen. Tierquälerei ist strafbar. Eure Eltern haben dann ein richtiges Problem und ihr bekommt dann wohl ein richtiges Problem mit euren Eltern. Es ist eure Entscheidung. Ihr könnt einfach aufhören und abhauen.“

Boris sagt zu seinen zwei immer noch grinsenden Freunden: „Der meint das ernst. Wenn es um Tiere geht, macht der keine Witze. Also, ich hau ab. Ich hab keine Lust auf Ärger mit meinen Eltern.“ Und mit diesen Worten läuft Boris los. Die anderen zögern kaum noch eine Sekunde, dann folgen sie ihm. Torge starrt seinem besten Freund hinterher. Seinem besten Freund? Kann man das noch so nennen? Aber das jämmerliche Winseln hinter ihm erinnert Torge daran, dass es jetzt gerade etwas Wichtigeres gibt.

Er dreht sich um und hockt sich zu dem kleinen Häufchen Elend auf den Boden. Dabei spricht er beruhigend mit dem verängstigten Tier. Der kleine Hund schaut ihn an und Torge sieht etwas wie Dankbarkeit in seinem Blick. Langsam wird das Winseln weniger und der Hund kommt vertrauensvoll auf Torge zu. Torge streichelt ihn vorsichtig.

Der kleine Hund kuschelt sich an Torges Beine und leckt ihm liebevoll über die Hand.

Da hört Torge eine Stimme, die sagt: „Na, Wuschel, hast du einen neuen Freund gefunden?" Er schaut hoch und blickt in das freundliche Gesicht einer alten Dame. Wuschel freut sich sichtlich, die alte Dame zu sehen, die nun seine Leine losbindet. Torge sagt zu ihr: „Da waren ein paar Kinder, die Ihren Wuschel geärgert haben. Ich habe sie verscheucht." Die alte Dame ist sehr bestürzt: „Oh nein, wer macht denn so etwas? Das ist ja schrecklich. Und du hast Wuschel geholfen? Ich danke dir. Gut, dass es Kinder wie dich gibt." Wuschel bellt zur Bestätigung.

Torge sagt: „Es ist nicht gut, Hunde allein an der Straße zu lassen. Es kann so viel Schlimmes passieren. Es gibt so gemeine Menschen." Jetzt sieht die alte Dame sehr traurig und schuldbewusst aus. Sie erklärt: „Ich weiß, eigentlich mache ich das auch nicht. Aber Wuschel mag nicht so lange allein zu Hause bleiben und ich hatte hier einen wichtigen Arzttermin." Torge fragt: „Gibt es denn niemanden, der auf Wuschel aufpassen kann, wenn Sie zum Arzt oder zum Einkaufen müssen?" Die alte Dame schüttelt traurig den Kopf: „Nein, im Moment leider nicht. Mein Mann lebt schon lange nicht mehr und meine Kinder und meine Enkel wohnen ganz weit weg."

Torge muss an seine Großeltern denken. Sie wohnen auch ganz woanders und er sieht sie viel zu selten. Die alte Dame erzählt weiter: „Sonst hat meine Freundin auf Wuschel aufgepasst, sie wohnt zum Glück gleich nebenan. Aber vor zwei Tagen hat sie sich ein Bein gebrochen und jetzt liegt sie im Krankenhaus. Wuschel und ich müssen in den nächsten Wochen irgendwie allein klarkommen."

Torge hat Mitleid mit der alten Dame und mit Wuschel. Was kann er tun, um zu helfen? Da hat er eine Idee: „Ich habe im Moment Ferien. Wenn Sie möchten, passe ich auf Wuschel auf, wenn Sie etwas erledigen müssen. Ich kann auch gern mit ihm Gassi gehen. Natürlich muss ich meine Eltern vorher fragen, aber sie sagen bestimmt ja. Sie lieben Tiere genauso wie ich." Die alte Dame strahlt: „Das würdest du tun? Du bist ein toller Junge. Vielen, vielen Dank. Warte, ich schreibe dir meine Telefonnummer, meinen Namen und meine Adresse auf, dann kannst du mir Bescheid sagen, wenn du mit deinen Eltern gesprochen hast. Nimm mal eben bitte die Leine."

Sie gibt Torge die Leine in die Hand und holt einen Zettel und einen Stift heraus. Torge verspricht, noch am selben Abend mit seinen Eltern zu reden und sich zu melden. Und so macht er es. Mama und Papa sind natürlich einverstanden. Als sie auf dem Zettel den Namen der alten Dame lesen, sagen sie: „Ach, Frau Goldherz, das ist doch die Besitzerin von Wuschel! Wir kennen die beiden, sie waren schon öfter bei uns in der Praxis." Torge ruft gleich bei Frau Goldherz an und sie freut sich sehr. Schon morgen wird Torge mit Wuschel Gassi gehen.

Aber was ist nun eigentlich mit Boris? Er hat sich den ganzen Tag nicht bei Torge gemeldet und Torge hat auch nicht versucht, ihn zu erreichen. Er ist sehr enttäuscht von seinem Freund und glaubt nicht mehr daran, dass die Freundschaft noch halten kann.

Auch Kirstin sagt: „Boris ist anscheinend komplett durchgedreht. So darf man nicht mit Tieren umgehen. Und wie er sich dir gegenüber verhält, finde ich sowieso schon lange nicht mehr okay. Du solltest dir lieber einen neuen Freund suchen, der wirklich zu dir hält und der die gleichen Interessen hat wie du." Torge weiß eigentlich, dass Kirstin recht hat. Aber Boris und er sind schon so lange befreundet.

Am nächsten Tag, nachdem Torge von Frau Goldherz und Wuschel zurück ist, geht er zu Boris nach Hause. Boris ist sehr überrascht über den Besuch. „Ich muss mit dir reden“, sagt Torge. Boris antwortet: „Worüber? Ich hab' keine Zeit.“ „Doch, hast du, es geht um unsere Freundschaft“, gibt Torge zurück. „Was ist damit?“ fragt Boris. Torge sagt: „Das geht so einfach nicht. Du triffst dich fast nur noch mit deinen anderen Freunden oder sitzt am Computer.

Und dann das gestern mit dem armen kleinen Hund. Wie kannst du so etwas tun?“ Boris zuckt mit den Schultern und sagt: „Was regst du dich so auf? Es war doch bloß ein Tier.“ Torge starrt fassungslos auf den Jungen, den er jahrelang für seinen besten Freund gehalten hat. Dann kehrt er sich um und geht. Ihm fällt kein einziges Wort mehr zu diesem Menschen ein. In seinem Kopf rauschen die Gedanken: „Wie konnte ich mich nur so in Boris täuschen? Waren wir überhaupt beste Freunde? Warum hat er sich so verändert? Wie kann man nur so sein?“ Torge ist am Boden zerstört. Er fühlt sich gerade sehr allein.

Als er nach Hause kommt, will er am liebsten nicht reden. Aber Kirstin sieht ihm sofort an, was los ist. Sie nimmt ihren kleinen Bruder liebevoll in die Arme und sagt tröstend: „Es ist bestimmt besser so. Irgendwo da draußen gibt es ganz sicher einen wirklichen Freund für dich. Das mit Boris war doch schon lange keine richtig gute Freundschaft mehr. Und wenn du immer nur unglücklich bist, weil er dich nicht beachtet und ihr euch nicht einig seid, dann ist das nicht gut für dich." Torge sagt nichts. Er denkt nur: „Wo soll es denn für mich einen Freund geben? Die anderen Kinder sind doch alle so wie Boris."

Torge ist in sehr trüber Stimmung und mag bei dem schönen Wetter am nächsten Tag nicht mal Rad fahren oder in den Garten gehen. Mama, Papa und Kirstin machen sich Sorgen.

Am Tag darauf ruft Frau Goldherz an, sie muss zum Einkaufen und braucht Torges Hilfe für Wuschel. Trotz seiner schlechten Laune zögert Torge nicht, denn es ist ihm wichtig, der alten Dame und ihrem kleinen Hund zu helfen. Kirstin denkt erleichtert: „Das wird ihm bestimmt guttun!" Und so ist es tatsächlich. Während Torge mit Wuschel spielt, vergisst er seine Sorgen. Als Frau Goldherz zurückkommt, fragt Torge sie: „Darf ich noch mit Wuschel eine Runde spazieren gehen?" Natürlich darf er das. Torge und Wuschel gehen eine große Runde zusammen.

Hinterher sagt er zu Frau Goldherz: „Danke, es ist echt schön, dass ich mich um Wuschel kümmern darf.“ Frau Goldherz lächelt und sagt: „Ich freue mich auch sehr, dass du das machst. Aber sag mal, warum hast du eigentlich keinen eigenen Hund, wenn du Hunde so sehr liebst?“

Torge antwortet: „Weiß ich auch nicht so genau. Aber wir hatten eine Katze, vielleicht ist es deswegen. Hunde und Katzen verstehen sich ja meistens nicht so gut. Unsere Katze ist aber vor einem halben Jahr leider gestorben, sie war schon sehr alt.“ Dann fügt er noch an: „Ich liebe alle Tiere.“ Im Stillen nimmt er sich vor, das Thema Hund mal irgendwann zu Hause zur Sprache zu bringen. Aber er fragt sich auch: „Was, wenn unser Hund dann auch nicht allein bleiben will, wie Wuschel? Vormittags ist ja bei uns niemand zu Hause.“

Frau Goldherz sagt lächelnd: „Du kannst gern häufiger mit Wuschel Gassi gehen und mit ihm spielen, wenn du magst. Ich bin ja nicht mehr so fit und meine Freundin auch nicht, jetzt erst recht nicht mit dem Gipsbein. Wenn du wieder zur Schule musst und ich vormittags einen Termin habe, kann ich Wuschel ja rüber zu meiner Freundin bringen. Aber nachmittags wäre es schön, wenn du dich um Wuschel kümmern würdest. Ich glaube, er mag dich sehr." Torge freut sich: „Oh ja, das mache ich sehr gern!"

Den Rest der Ferien ist Torge jeden Tag mit Wuschel unterwegs. Nach den Spaziergängen hat Frau Goldherz immer auch noch ein leckeres Stück Kuchen und einen Kakao für Torge. Er erzählt ihr jetzt auch, dass er und Boris sich zerstritten haben. Aber dass Boris dabei war, als Wuschel geärgert wurde, sagt er nicht. „Sonst würde Boris vielleicht doch noch Ärger bekommen!" denkt er. Frau Goldherz tröstet Torge: „Bestimmt vertragt ihr euch wieder." Aber Torge schüttelt den Kopf: „Nein, wir sind einfach zu unterschiedlich." Frau Goldherz lächelt und sagt: „Dann findest du einen neuen Freund. Aber suche nicht danach. Wirklich wertvolle Dinge wie Freunde, die findet man immer nur, wenn man nicht danach sucht." Beide lächeln und schauen auf Wuschel. „Einen neuen Freund hast du ja schon gefunden“, sagt Frau Goldherz. Und Wuschel bestätigt: „Wau!“ Torge muss lachen. Er denkt: „Vielleicht sind Hunde echt die besseren Freunde.“

Boris meldet sich in den ganzen Ferien nicht mehr, aber darauf kann Torge inzwischen auch gut verzichten. „Einen Freund, der kein Freund ist, brauche ich nicht“, sagt er sich. Heute ist schon der letzte Ferientag. Die zweieinhalb Wochen sind vorbei. Torge denkt an morgen, an die Schule. Da sieht er nicht nur seine Mitschüler, sondern in den Pausen sicher auch Boris und seine Freunde. Kein schöner Gedanke. Torge schüttelt sich und sagt sich energisch: „Das werde ich auch überstehen. Und heute ist erstmal noch ein schöner Tag.“ Natürlich geht er auch heute wieder mit Wuschel Gassi. Diesmal wird es eine besonders große Runde.

Auf dem Rückweg gehen sie wie immer durch den schönen Park, der ganz in der Nähe von Frau Goldherz‘ Haus ist. Torge hat einen Ball dabei. Auf der großen Wiese möchte er noch ein wenig mit Wuschel spielen. Weiter hinten auf der Wiese sitzen ein paar ältere Kinder auf einer Decke, aber das stört nicht. Torge löst die Leine und wirft den Ball. Begeistert läuft Wuschel los und hebt den Ball mit der Schnauze auf. Doch was macht er? Er läuft nicht zu Torge zurück, sondern in eine andere Richtung. „Wuschel, hier!" ruft Torge. Aber Wuschel will nicht hören. Sonst ist er sehr folgsam. Was ist da so interessant?

Während Torge den Hund weiter ruft, schaut er in die Richtung, in die Wuschel läuft. Dort sitzt unter einem großen Baum ein Junge und liest ein Buch. „Oh nein, jetzt wird's problematisch!", denkt Torge und läuft los. Dabei ruft er immer wieder nach Wuschel. Der Junge hat nichts bemerkt. Bis jetzt, denn jetzt ist Wuschel bei ihm angekommen. „Keine Angst, der ist ganz lieb!", ruft Torge, der noch nicht ganz bei den beiden ist. Der Junge lacht: „Ich glaube, er will, dass ich mitspiele!" Tatsächlich hat Wuschel den Ball vor dem Jungen abgelegt und schaut ihn auffordernd an. Torge lacht auch und sagt: „Wenn du möchtest, kannst du gern mit uns spielen. Ich bin Torge und das ist Wuschel. Er gehört einer alten Dame, die hier in der Nähe wohnt. Ich kümmere mich ab und zu um ihn." Der Junge strahlt: „Ich bin Pedro. Und ich liebe Hunde. Klar möchte ich mitspielen!" Er legt schnell ein Lesezeichen in sein Abenteuerbuch, klappt es zu und steht auf.

Während die beiden Jungen abwechselnd den Ball für Wuschel werfen, fragt Torge: „Warum hab ich dich hier noch nie gesehen? Ich bin fast jeden Tag hier unterwegs." Pedro antwortet: „Ich bin erst letzte Woche mit meinen Eltern in diese Stadt gezogen. Dass es diesen Park hier ganz in der Nähe von unserer Wohnung gibt, hab ich erst heute rausgefunden. Ich bin mit meinem Buch losgegangen und wollte irgendwo an einem ruhigen grünen Ort lesen. Ich mag die Natur sehr. Leider haben wir nur eine Wohnung ohne Garten." Torge sagt: „Wir haben einen schönen großen Garten und wohnen nicht weit von hier. Komm mich doch mal besuchen!" Pedro strahlt wieder: „Oh ja, sehr gern!"

Dann fragt Torge: „Hast du einen Hund oder ein anderes Haustier?" Pedro schüttelt traurig den Kopf: „Nein, unser Vermieter erlaubt das nicht. Da, wo wir vorher gewohnt haben, war das auch schon so. Echt schade. Ich hätte so gern einen Hund. Hast du denn einen eigenen Hund?" Torge antwortet: „Nein, aber vielleicht bald. Ich will mal mit meinen Eltern drüber sprechen. Sie sind Tierärzte und lieben Tiere auch sehr. Und meine große Schwester arbeitet im Tierheim. Da gibt es ganz viele Hunde, die ein Zuhause suchen. Aber um Wuschel kümmere ich mich auf jeden Fall auch weiter. Du kannst ja mitkommen, wenn ich mit ihm spazieren gehe! Frau Goldherz hat bestimmt nichts dagegen." Pedro ist von der Idee begeistert. Er sagt: „Danke, du bist echt cool. Ich hab schon befürchtet, dass ich hier in der Stadt vielleicht keine Freunde finde, weil die meisten Kinder nicht so sind wie ich. Sie spielen lieber Computerspiele und machen irgendwelchen Blödsinn. Jedenfalls war das an meiner alten Schule so. Ich bin echt froh, dass wir uns getroffen haben!" Torge lacht: „Und ich erst!"

Dann fragt er: „Weißt du schon, in welche Klasse du kommst?" Pedro nickt: „Ja, in die 3a hier an der Grundschule." Torge strahlt: „In der Klasse bin ich auch!" Beide Jungen freuen sich sehr. Dann sagt Torge ernst: „Aber leider sind die anderen Kinder da auch so wie die, die du von deiner alten Schule kennst. Ich bin der Einzige, der nicht so ist." Pedro lacht: „Jetzt bist du nicht mehr allein, mein Freund!" Wuschel hat sich vor die beiden gesetzt und aufmerksam zugehört. „Wau!" sagt er zur Bestätigung. Torge streichelt dem kleinen Hund über den Kopf: „Das hast du gut gemacht, Wuschel!"

Besser als gekauft

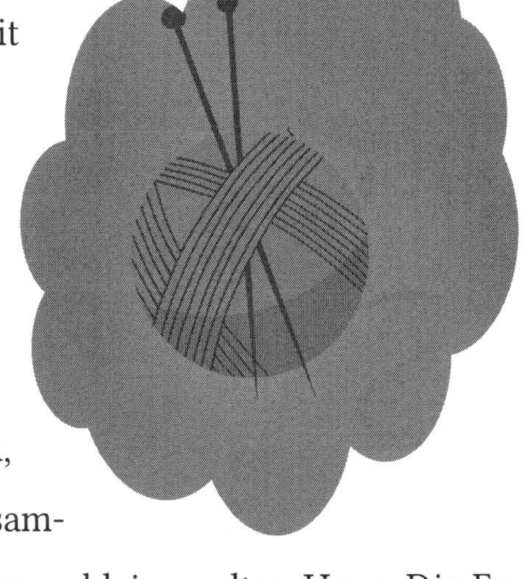

Ramon ist gerade zehn Jahre alt geworden und lebt mit seiner Mama, seinem Papa, seiner siebenjährigen Schwester Sorana, seiner Oma und seinem Opa am Rand einer kleinen Stadt. Ja, genau, die sechs wohnen alle zusammen, und zwar in einem ganz kleinen alten Haus. Die Familie wohnt dort schon sehr, sehr lange. Schon Papa ist in dem Haus aufgewachsen.

Oma und Opa haben ihr Schlafzimmer unten, denn sie können nicht mehr so gut Treppen steigen. Auch die Küche, das Badezimmer und ein gemeinsames Wohnzimmer für alle sind im unteren Stockwerk. Oben gibt es auch zwei Zimmer. In einem davon wohnen Mama und Papa, das andere gehört Ramon und seiner kleinen Schwester. In ein paar Jahren geht es natürlich nicht mehr, dass die beiden

Geschwister sich ein Zimmer teilen. „Dann ziehst du, Ramon, nach unten ins Wohnzimmer“, hat Papa neulich gesagt. Ramon hat gefragt: „Aber wo treffen wir uns dann alle? Wir sitzen doch so gern alle gemeinsam beim Essen und wir spielen doch auch so gern zusammen und erzählen uns Geschichten.“ Oma hat gesagt: „Dafür haben wir ja noch die Küche, die ist ja auch groß genug, damit wir dort alle zusammensitzen können. Wir richten uns das dann schon gemütlich ein.“ Ramons andere Großeltern, die Eltern seiner Mama, wohnen leider etwas weiter weg und können nicht so oft zu Besuch kommen. Das finden alle sehr schade. Aber die ganze Familie hält zusammen und alle lieben sich.

Leider haben alle in der Familie nicht viel Geld. Die Großeltern sind alle schon ziemlich alt und können nicht mehr arbeiten, und die Rente reicht gerade mal für das Nötigste. Mama und Papa arbeiten beide, aber verdienen auch nicht viel Geld. Mama ist Verkäuferin in einer Bäckerei in der kleinen Stadt und Papa arbeitet bei einer Hausmeisterfirma. Zum Glück kann Mama oft Brötchen, Brot und sogar Kuchen von der Arbeit mitbringen, wenn etwas am Tag in der Bäckerei nicht verkauft wurde. Obst und Gemüse bekommt die Familie im eigenen Garten, denn Opa und Mama sind begeisterte Hobby-Gärtner. Der Garten ist zwar nicht besonders groß, aber es gibt dort Kartoffeln, Möhren, verschiedene Salate, Tomaten, Steckrüben, Erbsen, Radieschen, Äpfel, Erdbeeren, Pflaumen, Haselnüsse, Johannisbeeren, Kirschen und einiges mehr. Wenn geerntet wird, helfen alle mit. Vieles muss aber natürlich trotzdem gekauft werden. Da das Haus schon sehr alt ist, muss auch oft etwas repariert werden, und das ist meistens ziemlich teuer.

Gut, dass Oma Schneiderin ist. Sie näht und strickt Kleidung für die ganze Familie und das macht sie wirklich gut. Sie denkt sich selbst aus, wie die Sachen aussehen sollen, und dann stellt sie die wunderschönen Kleidungsstücke her. Ihre Nähmaschine steht im Wohnzimmer und auch ihr Strickzeug liegt dort. Die Nähmaschine ist schon viel älter als Oma. Sie stammt noch von Omas eigener Oma, die auch Schneiderin war. Man braucht keinen Strom für die Nähmaschine, sondern muss unten mit den Füßen ein Brett hin- und herbewegen, damit man oben nähen kann. Als Ramon noch ganz klein war, hat er seiner Oma immer mit großen Augen zugesehen, wenn sie genäht oder gestrickt hat.

Am liebsten wollte er auch schon selbst nähen und stricken, aber das ging da noch nicht. Er hat Oma auch immer aufmerksam zugeschaut, wenn sie die Kleidungsstücke entworfen hat. Sie hat alles erst ganz genau gezeichnet, und zwar von allen Seiten. Dann hat sie Maß genommen, damit die Kleidung auch passt. Und dann erst hat sie mit dem Nähen oder Stricken angefangen.

Ramon hat alles genau beobachtet. Als er zwei Jahre alt war, ist er eines Tages mit einem Blatt Papier in der Hand zu Oma gekommen und hat sie gefragt: „Nähst du mir das?" Auf dem Papier war eine Zeichnung von einem Sweatshirt, das Ramon sich selbst ausgedacht hatte. Oma war begeistert und hat ihm gleich voller Freude das tolle Sweatshirt genäht. Von da an haben die beiden die Kleidung für die Familie zusammen entworfen. Oma hat ihm nach und nach alles erklärt und ganz genau gezeigt. Er durfte ihr auch schon ein bisschen helfen. Natürlich wollte er aber auch endlich selbst schöne Kleidung herstellen. Das Nähen war für ihn noch zu schwierig und zu gefährlich, aber schon mit fünf Jahren hat er selbst angefangen, zu stricken. Das erste war ein Schal, weil das am einfachsten geht. Aber bald folgte sein erster selbstgestrickter Pullover. Mama hatte ein bisschen Angst, dass Ramon sich die Stricknadeln in die Augen stecken könnte. Aber da hatte Papa eine gute Idee: „Ramon kann doch eine Schutzbrille tragen." Das hat Ramon zwar nicht so toll gefunden, aber er hat es trotzdem gemacht, damit sich seine Mama keine Sorgen machen musste.

Mit sieben Jahren hat er zum ersten Mal selbst etwas genäht. Oma hat ihm gezeigt, wie man ganz vorsichtig mit der Nähnadel umgeht. Ramon hat aber nicht an der Nähmaschine genäht, sondern mit der Hand. Für die Nähmaschine war er noch zu klein und das wäre auch wirklich zu gefährlich gewesen, das hat auch Oma gesagt. Ramon hat alles sehr schnell gelernt und sich die Kleidung seitdem nicht nur ausgedacht, sondern sie auch selbst angefertigt. Oma war natürlich immer dabei, um aufzupassen und ihm zu helfen, wenn er doch mal Hilfe brauchte.

Inzwischen kann Ramon alles sehr gut und näht und strickt regelmäßig für sich und die ganze Familie viele Kleidungsstücke. Pullover, T-Shirts, Hemden, Sweatshirts, Strickjacken, Mützen, Schals und Handschuhe sind schon lange kein Problem mehr, und auch Hosen kann er schon richtig gut nähen. Bei Jacken braucht er noch Omas Hilfe, aber auch da kann er schon vieles selbst machen. Seit Kurzem ist er auch endlich groß genug, um an der Nähmaschine zu arbeiten. Das ist noch ziemlich neu und ziemlich schwierig, aber Ramon lernt schnell. Oma ist stolz auf ihn und passt natürlich immer noch gut auf. Am liebsten arbeiten die beiden sowieso zusammen. „Wir sind ein richtig gutes Team!“ sagt Ramon oft zu seiner Oma und Oma freut sich sehr über ihren tollen Enkel.

Nur Schuhe können Ramon und seine Oma nicht selbst anfertigen. „Das ist aber auch etwas ganz anderes“, weiß Oma. Die Stoffe, die Wolle, die Knöpfe, die Reißverschlüsse und alles andere, was sie für die Kleidung brauchen, bekommen Ramon und seine Oma in einem kleinen Laden in der Stadt. Der Laden gehört der Tochter von Omas bester Freundin. So kommt es, dass Ramon und seine Oma die Sachen zum halben Preis haben können und oft sogar etwas geschenkt bekommen.

Die Kleidung, die Ramon und seine Oma sich ausdenken und anfertigen, ist wirklich etwas ganz Besonderes. Die selbstgemachten Kleidungsstücke sind viel schöner als das, was man in den Läden und im Internet kaufen kann. Und niemand sonst trägt diese Kleidung. Alle in der Familie bewundern Ramon und seine Oma und tragen die Kleidung mit Stolz. Alle gehen auch sehr gut damit um, damit die schönen Sachen lange halten. Mama, Papa, Oma und Opa wachsen ja zum Glück auch nicht mehr, also können sie die Kleidung immer weiter tragen. Und wenn doch mal etwas kaputtgeht, wird es nicht weggeworfen, sondern repariert.

Ramon kann seine Sachen leider nicht so lange tragen, denn er wächst ziemlich schnell. So ist es auch mit seiner kleinen Schwester. Sorana trägt aber noch die Sachen, die Ramon im gleichen Alter getragen hat. Sie mag sowieso keine besonders mädchenhaften Sachen, also macht es ihr nichts aus, dass es die Kleidung von ihrem Bruder ist. Sie findet sowieso einfach alles toll, was Ramon und Oma machen. Aber natürlich bekommt sie von den beiden auch eigene neue Kleidung und auch alle anderen in der Familie bekommen oft etwas schönes Neues, das sich Ramon und Oma ausgedacht haben. Alle sind sehr glücklich. Sie wollen gar nicht die ganzen Sachen kaufen, die andere so kaufen. Sie sind stolz darauf, dass sie nicht so sind wie alle anderen. Aber was sagen Ramons Freunde dazu? Hat er überhaupt Freunde?

Ja, die hat er, sogar ziemlich viele und auch sehr gute. Drei davon kennt er schon seit dem Kindergarten. Das sind Samantha, Lena und Alexander. Sie sind seine allerbesten Freunde und zum Glück sind sie auch in der Schule mit ihm in einer Klasse. Auch vier andere nette Kinder aus dem Kindergarten, mit denen Ramon und seine besten Freunde sich gut verstehen, sind damals mit ihm zusammen in die erste Klasse gekommen. Aber leider sind auch André und René mitgekommen. André und René sind überhaupt nicht nett, ganz im Gegenteil.

Das liebste Hobby der Zwillingsbrüder ist, andere Kinder zu ärgern, zu beleidigen und auszulachen. Sie finden immer etwas, das an anderen angeblich „komisch" ist. Und so haben sie auch Ramon, seine besten Freunde und die anderen Kinder aus der Kindergartengruppe bei jeder Gelegenheit verspottet.

André und René haben ziemlich reiche Eltern und so haben sie auch ziemlich teure Sachen, mit denen sie gern angeben. Natürlich machen sie sich auch über die Kinder lustig, die nicht so teure Sachen haben. Und das sind nun mal Ramon und seine Freunde. „Na, kannst du dir nichts Ordentliches zum Anziehen leisten?" haben sie Ramon einmal ausgelacht. Aber Ramon ist ganz ruhig und selbstbewusst geblieben und hat nur gesagt: „Doch, kann ich. Das seht ihr doch." André und René haben aber trotzdem weiter über Ramon und seine Freunde gelacht und versucht, sie zu ärgern.

Doch Ramon lässt sich nicht so einfach ärgern. Er weiß, dass es nicht auf Geld und teure Sachen ankommt. Und er weiß, dass seine Kleidung ihm besser gefällt als die teuer gekauften Sachen von André und René. Ramon hat auch seinen Freunden beigebracht, ruhig zu bleiben, wenn sie geärgert werden. „Wenn man sie nicht beachtet, geben sie irgendwann von selbst auf. Sie haben nur Spaß, wenn man reagiert." Diese Weisheit hat er nicht von ganz allein, sondern von seiner Mama und seinem Papa. Sie wurden früher auch oft geärgert.

Nun sind André und René mit Ramon und seinen Freunden also auch noch in einer Schulklasse. Und es sind auch Kinder in der Klasse, die Ramon vorher nicht kannte. Einige von ihnen finden Mode sehr wichtig. Das war sogar schon am Anfang der ersten Klasse so. An einem der ersten Schultage hat ein Junge Ramon gefragt: „Wo hast du denn die coolen Klamotten her?“ Und ein Mädchen hat angefügt: „Ja, die sehen echt toll aus! Von welcher Marke sind die? Ich hab die noch nie irgendwo gesehen.“ Selbstbewusst, wie Ramon eben ist, hat er geantwortet: „Die sind von keiner Marke und auch nicht gekauft. Die hab ich selbst gemacht, zusammen mit meiner Oma.“ Alle in der Klasse haben das gehört. Die Kinder aus dem Kindergarten wussten es natürlich schon. André und René haben wie immer blöd gelacht. Und wie haben die neuen Kinder reagiert?

Die meisten haben gestaunt. Einige wollten es auch nicht glauben. Ein Mädchen hat gesagt: „Du machst Witze! So was kann man nicht selbst machen, jedenfalls nicht so gut.“ Ramon hat geantwortet: „Doch, es stimmt. Ihr könnt ja zu mir nach Hause kommen und zugucken, wenn meine

Oma und ich neue Kleidung machen.“ Das haben einige wirklich getan. Und viele haben gefragt, ob Ramon und seine Oma auch für sie mal etwas nähen oder stricken würden. „Klar, gern!“ hat Ramon begeistert gesagt. Den meisten Kindern in Ramons Klasse ist es tatsächlich egal, was ein Kleidungsstück kostet und ob es von einer bekannten Marke ist. Für sie ist es wichtig, dass die Sachen gut aussehen und eine gute Qualität haben.

Wie gesagt, die meisten in Ramons Klasse sehen das so. Und so ist er bei den meisten auch beliebt. Aber da sind ja immer noch André und René. Und dummerweise sind sie jetzt nicht mehr die einzigen Blöden, mit denen Ramon und seine Freunde es zu tun haben. Zwei andere Jungen haben nämlich damals gar nicht nett reagiert. Sie haben wie André und René laut gelacht. Einer von ihnen hat gerufen: „Das ist ja gar kein Junge, das ist ja ein Mädchen!“ Und der andere hat gegrölt: „Wie peinlich, der näht und strickt! Der sollte nicht Ramon heißen, sondern Ramona!“ Die beiden neuen Jungen und André und René haben sich vor Lachen gebogen.

Die anderen Kinder haben das gar nicht lustig gefunden. Es gab fast eine Prügelei in der Klasse. Aber Ramon konnte seine alten und neuen Freunde beruhigen. „Das haben wir doch nicht nötig, uns mit diesen Idioten zu schlagen", hat er gesagt. Eines der neuen Mädchen hat ihm zugestimmt: „Ja, da sollten wir drüber stehen. Die sind eben einfach dumm. Wahrscheinlich können sie nichts dafür."

Die vier blöden Jungen haben das natürlich gehört und wurden so wütend, dass sie das Mädchen verprügeln wollten. Ramon hat sich schnell vor das Mädchen gestellt und ganz ruhig zu André, René und den anderen beiden gesagt: „Möchtet ihr wissen, wie gut Mädchen in Judo sind?" Ramon macht nämlich seit seinem vierten Lebensjahr Judo.

Das wollten die dreisten Jungen dann doch nicht testen. Aber sie haben in den ganzen drei Jahren seit der Einschulung nicht aufgehört, Ramon zu ärgern.

Auch jetzt am Anfang der vierten Klasse machen sie sich immer noch ständig über ihn lustig, nennen ihn „Ramona" und beleidigen ihn. Auch seine drei besten Freunde und die anderen Kinder werden von den vier blöden Jungen ausgelacht und beschimpft, aber Ramon bekommt am meisten ab. „Komisch", sagt Ramon zu seinen Freunden, „vielleicht stimmt es doch nicht, was meine Eltern sagen. Ich beachte diese Typen doch gar nicht, aber sie machen trotzdem weiter." Alexander meint: „Vielleicht wollen sie ausprobieren, wie weit sie gehen können, ob du nicht doch irgendwann deine Ruhe verlierst und ausrastest." „Oder sie sind so blöd, dass sie nicht mal merken, dass sie nicht beachtet werden!" fügt Samantha an. Sie klingt dabei irgendwie gleichzeitig besorgt und belustigt.

Lena sagt: „Nächstes Jahr sind wir die ja los, wenn wir auf die weiterführende Schule kommen. Bestimmt kommen die nicht zu uns auf die Schule oder wenigstens nicht in unsere Klasse. So schlecht kann es das Schicksal nicht mit uns meinen!" Alle sagen wie aus einem Munde:

„Hoffentlich!“ Ramon ist innerlich schon etwas genervt, auch wenn er es sich nicht anmerken lässt. Die jahrelangen Beleidigungen haben Spuren hinterlassen. Manchmal ertappt er sich dabei, dass er denkt: „Vielleicht bin ich ja wirklich kein richtiger Junge. Vielleicht bin ich komisch, wie die sagen.“ Es sind nur Sekunden, aber die Gedanken sind da. Und das sieht man ihm wohl auch an. „Was ist denn los mit dir, mein Junge, hast du Sorgen?“ fragt Oma ihn jetzt beim gemeinsamen Abendessen mit der Familie. Ramon will eigentlich nicht darüber sprechen. Aber dann erzählt er es doch. Er hat vorher nie darüber geredet, dass die vier Jungen ihn beleidigen und auslachen. Alle sind erschrocken, als sie es nun hören. Ramon sagt: „Andere Jungen nähen und stricken ja auch nicht. Vielleicht bin ich gar kein Junge.“ Jetzt sind alle noch viel schockierter.

Papa sagt energisch: „Wie kannst du so etwas denken? Natürlich bist du ein Junge, und zwar der tollste Junge, den ich kenne.“ Alle nicken. Mama fügt an: „Warum kümmerst du dich darum, was diese paar dummen Jungen sagen? Du hast so viele Freunde, die zu dir stehen und dich bewundern. Und wir stehen auch absolut hinter dir.“ Sorana sagt: „Und selbst wenn es ganz viele wären, die so einen Quatsch erzählen. Das spielt keine Rolle. Was dumme Menschen denken, ist egal." Opa nickt und sagt: „Wenn du meinst, dass Jungen nicht nähen und stricken dürfen, dann dürfte Samantha auch nicht Basketball spielen und Lena dürfte nicht mit ihrem Papa zusammen Autos reparieren. Das sind doch Sachen, die sonst eher Jungs machen."

Oma hat die ganze Zeit zugehört. Jetzt mischt sie sich ein: „Warum ist es wichtig, ob man ein Mädchen oder ein Junge ist? Also, ich meine, warum ist es wichtig, dass Mädchen und Jungs unterschiedliche Sachen machen? Es darf doch jeder alles machen, was ihm Spaß macht. Wir sind doch alle freie Menschen. Man darf nur keinen Schaden anrichten und niemandem wehtun. Sonst gibt es keine Grenzen. Es ist egal, ob man ein Junge oder ein Mädchen ist. Man muss einfach man selbst sein, das zählt." Wieder nicken alle. Auch Ramon nickt jetzt. „Was habe ich doch für eine tolle Familie!" denkt er.

Sorana hat ganz große Augen bekommen, als Opa gesprochen hat. Jetzt sagt sie: „Lena repariert Autos? Ich will auch Autos reparieren! Warum haben wir eigentlich kein Auto?" Alle lachen. Da sagt Opa: „Wir haben doch ein Auto. Es fährt nur nicht. Sorana, hast du das noch nie gesehen?

Es steht hinten in der Garage." Dann fügt er lächelnd an: „Wenn du Lust hast, meine kleine Sorana, dann kannst du es zusammen mit Papa reparieren, damit es wieder fährt." Soranas Augen sind noch größer geworden, aber nicht ganz so groß wie die von Papa. Beide sagen wie aus einem Munde: „Oh ja!" Alle lachen. Dann gehen sie gemeinsam zur Garage und sehen sich das wunderschöne alte Auto von Opa an. Sorana und Papa sind begeistert und wollen am liebsten sofort mit der Reparatur anfangen.

Alle sind fröhlich und glücklich. Ramon denkt längst nicht mehr an die vier blöden Jungen aus der Schule. Er fühlt sich gut und richtig. Bestimmt wird sich mit André, René und ihren beiden Freunden nichts ändern. Aber Ramon hat beschlossen, dass er sich auch auf keinen Fall ändern will und nie wieder an sich zweifeln will.

Eine unheimliche Begegnung

Nelson ist sieben Jahre alt und geht in die zweite Klasse.

Er lebt mit seiner Mama und seinem Papa in einer schönen Wohnung in einer kleinen Stadt. Die kleine Straße, in der die Familie wohnt, ist eine Sackgasse. Man kann also nur von einer Seite hineinfahren und kommt auch nur auf dieser Seite wieder heraus. Das ist gut, denn dadurch ist die Straße sehr ruhig. Nur die Menschen, die hier wohnen, fahren hier manchmal mit dem Auto. Wenn man aus der kleinen Straße herausfährt, ist man gleich auf einer sehr großen Straße. Von dort kommt man schnell in die Nachbarstädte und auch ins Zentrum der kleinen Stadt. Im Zentrum der Stadt befinden sich die Schulen und die Läden und auch Nelsons beste Freunde Anna,

Farid und Sarah wohnen dort. Zu Fuß kann man natürlich auch an der großen Straße entlanggehen, aber das ist nicht schön und Nelsons Mama findet es für ein Kind auch viel zu gefährlich.

Aber zum Glück gibt es einen zweiten Weg, wie man zu Fuß oder mit dem Fahrrad ins Stadtzentrum kommen kann. Es gibt nämlich auf der anderen Seite der kleinen Straße, in der Nelson wohnt, einen Park. Wenn man durch den Park geht, ist man in etwas mehr als fünf Minuten bei Nelsons Grundschule, und gleich dort in der Nähe wohnen auch Nelsons Freunde. Es ist ein toller Park mit vielen schönen Wegen, Bäumen und einer großen Wiese.

Nelson ist immer gern durch den Park gegangen und hat sich nachmittags, an den Wochenenden und in den Ferien oft mit seinen Freunden dort getroffen. Zusammen haben sie Fußball oder Frisbee auf der großen Wiese gespielt, sind auf den Wegen Rollschuh gelaufen oder Fahrrad gefahren, haben im Herbst Drachen steigen lassen und im Winter Schneemänner gebaut. Alle vier Kinder wohnen in Wohnungen ohne Gärten, aber das macht ihnen nichts aus, denn sie haben ja den Park. Der Park ist wie ein großer eigener Garten für sie. Auch für Nelson war das so. Er hat den Park wirklich geliebt. Aber gestern hat sich alles geändert.

Nelson ist nach der Schule wie immer durch den schönen Park gegangen. Aber plötzlich haben drei andere Kinder vor ihm gestanden. Es waren zwei Jungen und ein Mädchen, die alle ein bisschen größer und wohl auch ein oder zwei Jahre älter als Nelson waren. Sie haben sich mitten vor ihn auf den Weg gestellt und ihn böse angestarrt. Nelson hat zu ihnen gesagt: „Was wollt ihr? Lasst mich durch!" Aber die Kinder sind nicht aus dem Weg gegangen. Einer der Jungen hat gesagt: „Du hast hier nichts zu suchen!" Und die anderen beiden Kinder haben gerufen: „Ja, verschwinde von hier!" Nelson hat nicht verstanden, was das sollte. Er hat nur gesagt: „Ich wohne hier und ich gehe immer durch diesen Park. Warum soll ich das nicht mehr tun?"

Das Mädchen hat dann gesagt: „Weil wir es nicht wollen. Du darfst hier nicht sein." Nelson hat immer noch nicht verstanden, was diese Kinder von ihm wollten. Dann hat einer der Jungen ihm gedroht: „Wenn wir dich hier nochmal sehen, gibt es Schläge!" Alle drei Kinder haben sich in drohender Haltung vor Nelson gestellt. Nelson hat Angst bekommen, aber wollte sich das nicht anmerken lassen.

Mutig hat er gefragt: „Was habt ihr für ein Problem mit mir? Ihr kennt mich doch gar nicht. Wir haben uns doch nie vorher gesehen." Da hat einer der Jungen geantwortet: „Ihr seid alle gleich. Leute wie du haben hier nichts zu suchen." Die zwei anderen Kinder haben genickt. Nelson war die Situation langsam wirklich unheimlich. Was meinten diese Kinder? Was hatte er ihnen getan? Klug, wie er ist, hat er dann gesagt: „Wenn ihr mich hier nicht sehen wollt, dann lasst mich doch durch. Dann bin ich gleich weg." Die anderen Kinder haben sich angeschaut und sahen dabei ziemlich dumm aus. Dann sind sie aus dem Weg gegangen und Nelson ist weitergegangen, ohne noch ein Wort zu ihnen zu sagen. Hinter sich hat er gehört, wie die Kinder gerufen haben: „Hau bloß ab! Verschwinde von hier!"

Zu Hause hat Mama mit dem Mittagessen gewartet. Nelson hat ihr sofort von der merkwürdigen Begegnung im Park erzählt. „Die haben ganz komische Sachen zu mir gesagt und mich bedroht", hat er gesagt. „Was genau haben die denn gesagt?" hat Mama gefragt. Nelson hatte sich die Worte genau gemerkt und hat nun seiner Mama erzählt, was die fremden Kinder zu ihm gesagt hatten. Mamas Gesicht hat jetzt sehr besorgt und traurig ausgesehen. Sie hat leise gemurmelt: „Es gibt diese Menschen also noch immer.“ Nelson hat nicht verstanden, was sie gemeint hat. Mama hätte es ihm am liebsten nicht erklärt, aber sie musste es. Also hat sie gesagt: „Es gibt Menschen, die andere Menschen nicht mögen, nur weil sie eine andere Hautfarbe haben oder aus einem anderen Land kommen. Papa und ich haben das früher manchmal erlebt, als wir noch ganz jung waren. Wir dachten eigentlich, dass die Menschen sich geändert haben.“

Nelson, seine Mama und sein Papa haben nämlich eine dunkle Hautfarbe. Mama und Papa kommen ursprünglich aus einem afrikanischen Land. Sie sind als Kinder mit ihren Familien nach Deutschland gekommen, weil es ihnen in Afrika nicht gutging. Sie hatten dort nicht genug zu essen und nicht mal sauberes Wasser zum Trinken. Auch Nelsons beide Omas und Opas, seine beiden Tanten und sein Onkel sind damals mitgekommen. Jetzt leben alle hier ein schönes Leben. Nelson ist in Deutschland geboren und hat sich nie Gedanken darüber gemacht, dass er anders sein könnte als andere deutsche Kinder. Seine Hautfarbe ist für ihn ganz normal und auch für seine Freunde, seine Mitschüler und seine Lehrer ist er ein ganz normales Kind wie jedes andere.

Aber jetzt gibt es da plötzlich drei Kinder, die er nicht mal kennt, die ihn wegen seiner Hautfarbe nicht mögen und bedrohen? Nelson versteht die Welt nicht mehr.

„Was sind das für komische Leute, die so denken?" hat er seine Mama gefragt. Mama hat nur mit den Schultern gezuckt: „Ich weiß es auch nicht. Manche Menschen sind so. Sie lernen es von ihren Eltern und geben es an ihre eigenen Kinder weiter. Irgendwie verstehen sie nicht, dass alle Menschen gleich sind, oder sie wollen es nicht verstehen." Mama und Nelson waren beide sehr traurig und haben geschwiegen. Dann hat Nelson gesagt: „Lass uns nicht mehr über diese dummen Leute reden. Ich muss noch für Mathe üben, wir schreiben ja morgen eine Arbeit."

Am Abend, als Papa von der Arbeit nach Hause gekommen ist, hat Nelson dann aber doch nochmal von seinem Erlebnis im Park erzählt. Papa hat den gleichen Gesichtsausdruck wie Mama am Mittag bekommen und gesagt: „Dann gibt es diese Menschen also noch immer." Alle waren in bedrückter Stimmung. Dann hat Mama Nelson gefragt: „Und was willst du jetzt machen? Willst du weiter durch den Park gehen oder soll ich dich zur Schule fahren?" Darüber hatte Nelson noch gar nicht nachgedacht. Er hat aber nicht lange überlegt, sondern gleich gesagt: „Natürlich gehe ich weiter durch den Park. Es ist doch mein Park." Papa hat genickt und gesagt: „Ja, man darf sich nicht einschüchtern lassen. Man muss immer seinen eigenen Weg gehen."

Als Nelson heute Morgen aufsteht, denkt er nur an seine Mathearbeit und nicht mehr an die seltsamen Kinder im Park. Er frühstückt und macht sich für die Schule fertig, wie immer. Papa ist schon los, er fährt immer ziemlich früh mit der Bahn in eine der Nachbarstädte zur Arbeit. Mama sieht ein bisschen besorgt aus. „Pass gut auf dich auf!" ruft sie Nelson hinterher, als er losgeht. „Klar doch!" ruft er zurück. Er geht ein Stück die kleine Straße hinauf und ist dann am Eingang des Parks. Doch was ist nun? Auf einmal wird ihm irgendwie unwohl.

Er hat das Gefühl, dass seine Füße am Boden festkleben und dass sich in ihm alles herumdreht. Die Mathearbeit? „Aber ich bin doch gut in Mathe und ich habe gut gelernt", denkt er. Dann denkt er an gestern. Der Park. Die komischen fremden Kinder. „Was, wenn sie wieder da sind?" schießt es ihm durch den Kopf. Gleichzeitig denkt er: „Das kann doch jetzt wohl nicht sein, dass ich Angst habe, durch den Park zu gehen!“

Unruhig tritt er von einem Bein aufs andere und schaut auf die Uhr. Noch 15 Minuten bis zum Unterricht. Er überlegt. Es gibt ja noch den anderen Weg, vorne an der großen Straße entlang. Aber da soll er ja nicht gehen, hat seine Mama gesagt. Und außerdem ist der Weg viel weiter. Da schafft er es wahrscheinlich gar nicht mehr pünktlich zum Unterricht. Was nun? „Das ist doch albern!“ sagt er sich und will in den Park gehen. Aber seine Füße bewegen sich nicht. Doch, sie bewegen sich, aber rückwärts. „Irgendwie muss ich zur Schule“, denkt Nelson und läuft kurzentschlossen zur Wohnung zurück. Mama ist überrascht.

Nelson ruft schon aus dem Treppenhaus: „Mama, kannst du mich doch schnell fahren?“ Mama hat zwar gerade den Staubsauger in der Hand, aber greift sich schnell die Autoschlüssel und fährt Nelson zur Schule. „Waren die wieder da?“ fragt sie auf der Fahrt. Nelson schüttelt den Kopf: „Nein, aber irgendwie konnte ich nicht in den Park gehen. Ich habe dran gedacht, dass die vielleicht wieder da sind und mich bedrohen.“ Jetzt sieht Mama wirklich sehr besorgt aus.

An der Schule fragt sie noch: „Soll ich dich heute Mittag auch wieder abholen?“ Nelson nickt. Seine Freunde warten schon vor dem Schuleingang auf ihn. „Seit wann wirst du denn zur Schule gefahren?“ fragt Farid. Nelson will nicht sagen, was los ist. Es ist ihm zu peinlich. Also sagt er: „Mama muss sowieso zum Einkaufen und hat mich schnell mitgenommen.“ Nach der Schule verabschieden sich die vier Freunde. Nelsons Mama wartet schon mit dem Auto vor der Schule. „Muss deine Mama schon wieder einkaufen?“ fragt nun Sarah. Nelson zuckt mit den Schultern: „Weiß nicht, aber ich habe nichts dagegen, wenn sie mich fährt.“ Er mag einfach nicht zugeben, dass er Angst hat, durch den Park zu gehen.

Am Nachmittag sind Nelson und seine Freunde noch verabredet. Sie wollen sich bei Farid treffen, um gemeinsam für die Deutscharbeit zu lernen. Farid ist noch nicht so gut in Deutsch, denn er ist erst vor drei Jahren nach Deutschland gekommen. Farid wohnt aber im Stadtzentrum, also auf der anderen Seite des Parks. Was nun? Nelson hat immer noch Angst, durch den Park zu gehen. Inzwischen ist die Angst sogar größer geworden. Aber er möchte zu Farid und seinen anderen Freunden. Also fährt Mama ihn wieder. Seine Freunde wundern sich nun sehr, aber diesmal sagen sie nichts. Nach dem Lernen fragt Anna: „Wollen wir noch in den Park gehen und Fußball spielen?“ Farid und Sarah nicken begeistert.

Nelson freut sich nicht. Er hat das Gefühl, dass sich sein Bauch einmal um sich selbst dreht. „Ich fühl mich irgendwie nicht wohl, vielleicht werde ich krank“, sagt er. Dann fügt er an: „Geht lieber ohne mich. Ich ruf meine Mama an, dass sie mich abholt.“ Und so macht er es. Seine Freunde schauen Nelson sehr erstaunt an. „Eben war doch noch alles gut“, sagt Farid. Nelson zuckt mit den Schultern.

Und so geht es weiter. Nelson wird nun jeden Tag von seiner Mama zur Schule gefahren und abgeholt, und sie bringt ihn auch zu seinen Freunden und holt ihn wieder ab. Farid, Sarah und Anna finden das sehr komisch. Aber noch komischer finden sie, dass er nie mehr mit in den Park kommt. Es gibt immer etwas, warum er nicht mitkommen kann. Mal geht es ihm nicht gut, dann hat er plötzlich keine Zeit mehr oder ihm gefällt das Wetter nicht.

Seine Freunde sind langsam genervt. Oft sitzen sie am Nachmittag einfach drinnen, um überhaupt mal etwas gemeinsam mit Nelson zu machen. Besonders jetzt an den ersten schönen Frühlingstagen ist das sehr schade. Auch Mama ist ein bisschen genervt, dass sie nun ständig Taxi spielen muss. Und Papa? Papa macht sich große Sorgen um seinen kleinen Nelson, der sonst immer so mutig war. Aber er weiß auch nicht, was er tun soll. Er versucht immer wieder, Nelson Mut zu machen, aber es hilft nichts.

Nelson ist selbst überhaupt nicht begeistert von der Situation. Er will diese doofe Angst nicht haben. Er will wieder durch den Park gehen und sich dort mit seinen Freunden treffen wie früher. Es ist doch sein Park, sein großer Garten. Nelson ist sehr traurig. Aber er bekommt es einfach nicht mehr hin, in den Park zu gehen. Die Angst ist inzwischen zu einem riesigen Monster geworden. Nelson träumt sogar nachts davon, dass die drei merkwürdigen Kinder ihn im Park verprügeln. Es sind nun drei Wochen vergangen, seit die fremden Kinder ihn bedroht haben. Seitdem hat Nelson keinen Fuß mehr in den Park gesetzt. Und nun sagt Farid: „Nächsten Donnerstag ist ja mein achter Geburtstag. Da möchte ich im Park feiern. Ich will ein großes Picknick mit euch machen." Sarah, Anna und die drei anderen Kinder aus der Klasse, die Farid auch einlädt, freuen sich sehr. Nelson lächelt gequält. „Na toll", denkt er, „wie soll ich das schaffen?"

Am Abend erzählt er Mama und Papa, was Farid zu seinem Geburtstag plant. Papa sagt: „Na, dann ist jetzt wohl der richtige Moment, um endlich deine Angst zu überwinden und wieder in den Park zu gehen." Aber Nelson zweifelt, dass er das kann. „Ich habe es die ganze Zeit nicht geschafft, in den Park zu gehen. Wie soll das jetzt auf einmal gehen?" Mama sagt: „Du musst es eben einfach machen." Nelson ist empört: „Wie soll mir denn das jetzt helfen?" Papa stimmt Mama zu: „Es klingt schwer, aber es ist der einzige Weg. Du wirst die Angst nicht los, wenn du nicht in den Park gehst." Dann fügt er noch an: „Und wenn du meinst, dass du wirklich nicht zu der Geburtstagsfeier von

Farid gehen kannst, dann musst du ihm ehrlich sagen, warum das so ist. Man soll sowieso nicht lügen. Das haben wir dir eigentlich beigebracht. Und vor allem darf man seine besten Freunde nicht belügen, schon gar nicht an ihrem Geburtstag." Nelson schämt sich. Er schämt sich für seine Angst, aber vor allem, weil er gelogen hat.

Am nächsten Tag fasst er sich ein Herz und erzählt seinen drei besten Freunden, was wirklich mit ihm los ist und was vor drei Wochen im Park passiert ist. Alle sind schockiert. Sarah sagt: „So was musst du uns doch sagen! Wir sind doch Freunde!" Farid und Anna nicken. Anna sagt: „Und wir können dir doch helfen!" Nelson guckt erstaunt: „Wie wollt ihr mir denn helfen?"

Anna hat schon eine Idee. Sie erklärt: „Wir wohnen doch nicht weit weg. Wir gehen einfach morgens vor der Schule ein bisschen früher los und holen dich ab. Und mittags bringen wir dich zurück. Nachmittags, wenn wir verabredet sind, können wir es genauso machen. Und wenn wir im Park spielen, sind wir doch sowieso alle da. Wenn wir zu viert sind, trauen die sich bestimmt nicht, etwas Schlimmes zu machen." Sarah nickt: „Ja, das ist eine sehr gute Idee! Und vielleicht sind die ja auch gar nicht mehr da.

Sie waren doch vorher auch nie da." Nelson sagt: „Ja, komisch irgendwie. Ich weiß auch nicht, wo die hergekommen sind. Auf unserer Schule scheinen sie auch nicht zu sein. Ich hab sie jedenfalls noch nie da gesehen." Sarah meint: „Vielleicht gehen die zu der anderen Grundschule dahinten am Stadtrand."

Farid war die ganze Zeit still. Jetzt sagt er: „Es sind nur drei Kinder. Was können die schon tun? Solche Leute gibt es überall. Ich habe so etwas auch schon erlebt. Aber ich kümmere mich nicht drum. Was meine Familie und ich erlebt haben, ist viel schlimmer. Ihr wisst ja, dass wir aus unserem Heimatland flüchten mussten, weil da Krieg ist. Das habe ich überstanden, dann können mir die blöden Sprüche von den paar dummen Leuten hier auch nichts anhaben. Man darf einfach keine Angst vor ihnen haben.

Wenn sie merken, dass du Angst hast, fühlen sie sich stark. Und wenn sie sich stark fühlen, bedrohen sie dich weiter. Aber wenn du mutig bist und ihnen zeigst, dass du dich nicht von ihnen einschüchtern lässt, hören sie auf. Dann macht es ihnen nämlich keinen Spaß mehr, dich zu bedrohen. Das ist ihnen dann zu schwierig." Nelson schaut seinen besten Freund zweifelnd an und sagt nichts.

Anna antwortet für Nelson: „Das ist sicher richtig. Aber wenn man Angst hat, hat man Angst. Die muss man dann erstmal loswerden. Und dabei helfen wir Nelson. Okay?" Alle nicken.

Und so wird es gemacht. Schon heute bringen Anna, Sarah und Farid ihren besten Freund Nelson nach Hause. Nelson fühlt sich nicht gut, als sie durch den Park gehen, aber mit seinen Freunden zusammen kleben seine Füße nicht am Boden fest und sein Bauch dreht sich nicht ganz so sehr. Anna erzählt eine lustige Geschichte, um Nelson von seiner Angst abzulenken. Und auf einmal sind die vier Freunde schon auf der anderen Seite des Parks angekommen. Die drei merkwürdigen Kinder waren nicht da.

Nelson ist erleichtert. Mama und Papa sind sehr stolz auf ihn. Am nächsten Morgen holen seine drei Freunde ihn wie versprochen zur Schule ab und am Mittag bringen sie ihn zurück nach Hause. Wieder sind die drei Kinder, die Nelson damals bedroht haben, nicht da. Am Nachmittag wollen die vier Freunde sich im Park treffen. „Sollen wir dich vorher wieder abholen, Nelson?" fragt Anna. Nelson schüttelt den Kopf: „Ihr seid dann ja schon im Park. Ich komme dann zu euch."

Als er am Nachmittag allein in den Park einbiegen will, wird ihm doch wieder ein bisschen unwohl. Aber er sagt sich: „Meine Freunde warten da auf mich. Wenn etwas ist, sind sie da, um mir zu helfen. Ich brauche nur laut zu rufen.“ Mutig geht er den Weg entlang. Von Weitem sieht er schon seine Freunde auf der Wiese. Aber da sieht er auch plötzlich die drei Kinder, die ihn bedroht haben. Was jetzt? Soll er um Hilfe rufen? Die Kinder kommen auf ihn zu. Nelson erinnert sich an das, was Farid gesagt hat. „Keine Angst zeigen“, sagt er sich in Gedanken. Und dann erinnert er sich auch an das, was sein Papa gesagt hat: „Man darf sich niemals von seinem Weg abbringen lassen.“

Die drei Kinder stellen sich ihm wieder in den Weg. Nelson strafft die Schultern und schaut die fremden Kinder fest an.

Aus dem Augenwinkel sieht er, wie seine Freunde sich nähern. Sie haben schon gesehen, dass es jetzt ernst wird. Eines der fremden Kinder sagt: „Wir haben dir doch gesagt, wir wollen dich hier nicht mehr sehen.“ Nelson hat nun wirklich keine Angst mehr. Er fühlt sich stark, und er ist auch wütend. Es ist sein Park.

Aber Nelson bleibt ruhig und sagt nur: „Ich will euch hier auch nicht sehen. Aber trotzdem seid ihr hier. Damit müssen wir nun alle klarkommen.“ Die drei Kinder starren ihn nur ungläubig an. Nelson fügt an: „Von mir aus können wir alle in Frieden hier sein. Der Park ist groß genug. Es ist genug Platz für uns alle. Niemand muss sich hier streiten. Es liegt an euch.“

Die drei Kinder schauen sich an. Sie sehen sehr verwirrt aus. Dann sagt einer der Jungen: „Du bist ja gar nicht so, wie mein Papa gesagt hat.“ Für einen Moment überlegt Nelson, ob er fragen sollte, was der Papa dieses Jungen gesagt hat. Aber er verkneift es sich. Er kann es sich schon denken. Mama hat ihm ja erzählt, dass manche Leute schlecht über Menschen denken, die anders aussehen oder woanders herkommen. Also sagt er nur: „Man darf eben nicht alles glauben. Was ist nun, ist jetzt Frieden?“ Die drei Kinder nicken und gehen aus dem Weg. Sie sehen immer noch sehr erstaunt aus. Nelson wünscht ihnen noch einen schönen Tag und geht zu seinen Freunden, die in etwas Entfernung auf ihn warten. Sie haben alles gesehen und gehört. Alle sind sehr stolz auf Nelson, ganz besonders Farid.

Von jetzt an geht Nelson wieder allein durch den Park. Manchmal begegnet er den drei Kindern, die ihn bedroht haben, aber sie stellen sich ihm nicht mehr in den Weg und beleidigen ihn auch nicht. Sie sagen sogar freundlich „Hallo“ zu ihm. Farids Geburtstagsfeier wird toll. Das Wetter ist schön und alle haben viel Spaß. So soll es bleiben, da sind sich alle einig. Farid sagt zu Nelson: „Und wenn nochmal irgendwas ist, dann sagst du uns das gleich, okay?“

Nelson nickt. Natürlich hat er auch ein Geschenk für Farid. Er schenkt seinem Freund ein spannendes Abenteuerbuch. Farid freut sich, aber er sagt: „Du brauchst mir doch nicht noch etwas zu schenken. Das größte Geschenk hast du mir damit gemacht, dass du zu meiner Party hier im Park gekommen bist."

Alle sind sehr glücklich, besonders Nelson. Er hat seine Angst überwunden und kann sich wieder frei und in Frieden in seinem geliebten Park bewegen. Und er denkt: „Vielleicht haben diese drei Kinder ja wirklich verstanden, dass kein Mensch schlecht ist, nur weil er eine andere Hautfarbe hat oder aus einem anderen Land kommt. Hoffentlich sagen sie es auch ihren Eltern und später ihren eigenen Kindern."

Gemeinsam durch dick und dünn

Philip ist acht Jahre alt und wohnt mit seinen Eltern und seiner Schwester Lea in einem kleinen Haus am Rand einer großen Stadt. Lea ist schon 17 Jahre alt. Sie geht in die zwölfte Klasse und macht nächstes Jahr schon ihr Abitur. Philips bester Freund heißt Moritz. Er ist genau wie Philip acht Jahre alt. Die beiden gehen zusammen in die zweite Klasse. Philip und Moritz sind schon seit ihrer frühesten Kindheit beste Freunde. Sie haben ein gemeinsames Hobby, und zwar die Musik. Philip spielt Gitarre und Moritz singt, und beide machen ihre Sache sehr gut. Am liebsten möchten sie später mal zusammen auf einer großen Bühne stehen und mit der Musik ihr Geld verdienen. Auch sonst machen sie alles zusammen, teilen alles und sind unzertrennlich. Philip gibt es nicht ohne Moritz und Moritz gibt es nicht ohne Philip.

Wenn andere Kinder die beiden Freunde zusammen sehen, lachen sie aber oft und machen blöde Sprüche. Philip ist nämlich sehr klein und sehr dünn und Moritz wiegt ziemlich viel und ist für sein Alter ziemlich groß. Viele Kinder aus der Klasse machen sich deshalb über sie lustig. Wenn sie Philip und Moritz sehen, rufen sie: „Haha, da kommen ja Dick und Doof!" Auch einige Kinder aus anderen Klassen rufen das auf dem Schulhof und auf dem Schulweg. Und sogar ganz fremde Kinder haben das unterwegs schon gerufen. In Philips und Moritz' Klasse machen sich die allermeisten über sie lustig. Nur einige sagen gemeine Sachen, aber die meisten anderen lachen, kichern oder grinsen über die Sprüche.

Kein Tag vergeht, ohne dass sie sich etwas anhören müssen wie: „Dick, hast du Doof wieder alles weggefressen? Kein Wunder, dass Doof so doof ist! Auch zum Denken braucht man Nahrung!" Besonders auch im Sportunterricht haben Philip und Moritz zu leiden. Neulich beim Laufen auf dem Sportplatz hat eines der anderen Kinder gerufen: „Doof, pass auf, dass Dick nicht auf dich drauf fällt! Dann bist du Matsch!“ Die Lehrer haben die gemeinen Kinder schon oft ermahnt, aber ohne Erfolg. Es geht immer weiter. Auch, wenn Philip und Moritz ihren Mitschülern allein begegnen, bekommen sie fiese Bemerkungen zu hören. Wenn die anderen Kinder Moritz sehen, sagen sie zueinander: „Oh, oh, schnell weg! Da kommt Dick angerollt!“ Und wenn sie Philip allein begegnen, sagt immer einer zu den anderen: „Achtung, passt auf, ich hab da gerade was Kleines langhuschen sehen! Nicht, dass wir drauftreten! Ach nein, das ist ja Doof!“

Philip und Moritz finden es natürlich gar nicht schön, so beleidigt und ausgelacht zu werden. Dass sie keine anderen Freunde haben, stört sie aber nicht, denn sie haben ja sich. Lachend sagen sie sich oft: „Zusammen gehen wir durch dick und dünn!“ Ja, Philip und Moritz stehen dazu, dass sie nicht ganz so aussehen wie die meisten anderen. „Wir sind eben so“, sagen sie. Beide können auch nicht mal etwas dafür, dass sie so sind, wie sie sind. Philip isst genug und Moritz isst nicht zu viel. Sie haben eben diese Figur. Für ihre Familien ist das auch ganz normal.

In Philips Familie sind fast alle sehr dünn und ziemlich klein und in Moritz Familie sind alle ziemlich groß und stämmig gebaut.

„Wir können es ja nicht mal ändern, also warum sollen wir uns darum Gedanken machen?" sagt Moritz. Er ist sowieso sehr ruhig und gelassen. Die Sprüche und das Gelächter der anderen Kinder prallen einfach an ihm ab. Er kümmert sich nicht darum, was andere über ihn denken oder zu ihm sagen. „Wenn die mich nicht mögen, ist es deren Problem", findet er. Philip ist nicht ganz so ruhig. Um genau zu sein, ist er sogar sehr aufbrausend. Sobald einer anfängt, blöd zu grinsen, wird Philip schon wütend. Und wenn dann einer dieser Sprüche kommt, dreht er richtig durch. Moritz muss ihn immer zurückhalten, damit er die gemeinen Kinder nicht verprügelt. So klein und dünn Philip auch ist, er hat keine Angst und kann sehr geschickt Schläge austeilen. Philip will es nicht dulden, dass sein bester Freund und er selbst so fies geärgert werden.

„Steh doch einfach drüber", sagt Moritz, „auf so etwas Dummes muss man doch gar nicht hören." Aber Philip kann es einfach nicht ertragen. Besonders genervt ist er, dass er „Doof" genannt wird. Er ist nämlich alles andere als doof. Philip ist der beste Schüler der Klasse. Auch Moritz ist sehr gut in der Schule. Die Kinder, die Moritz und Philip ärgern, sind überhaupt nicht gut in der Schule. Philip ist deswegen umso ärgerlicher, während Moritz eher belustigt darüber ist. Er meint: „Das zeigt doch schon, dass sie diese Sprüche nur machen, weil sie einfach nichts im Kopf haben. Lass die doch einfach links liegen.“ Aber Philip ärgert sich weiter.

Als die beiden besten Freunde heute Nachmittag bei Philip zu Hause sind, sagt Philip zu Moritz: „Du hast es gut, du wirst wenigstens ‚Dick‘ genannt. Ich wünschte, ich würde ‚Dünn‘ genannt werden!“ Moritz versteht, was sein bester Freund meint und ist ihm nicht böse. Er weiß ja, dass er ziemlich viele Kilos auf die Waage bringt. Auch Moritz findet es nicht gut, dass Philip auch noch mit etwas beschimpft wird, das nicht mal stimmt. Aber er sagt wieder in seiner ruhigen Art: „Du weißt ja, dass du nicht doof bist. Und ich weiß das auch. Und deine Eltern und deine Schwester und die Lehrer wissen es auch. Das reicht doch. Wenn jemand dich als doof bezeichnet, obwohl du es nicht bist, kann dir das doch egal sein.“ Philip weiß im Grunde, dass sein bester Freund recht hat. Aber er kann es einfach nicht hinnehmen, wenn Menschen so gemein und ungerecht sind. Verzweifelt sagt er: „Warum können die uns nicht wenigstens ‚Asterix und Obelix' nennen, wenn sie uns schon irgendwie anders als mit unseren richtigen Namen nennen müssen? Asterix ist auch klein und dünn, und Obelix ist groß und nicht so dünn. Aber die beiden sind Helden."

Die beiden Freunde haben nicht bemerkt, dass Philips Schwester Lea nach Hause gekommen ist. Sie hat die letzten Worte gehört. Jetzt sagt sie lächelnd zu den beiden: „Ihr seid auch Helden. Wenn ihr wollt, nenne ich euch ‚Asterix und Obelix'!" Alle müssen lachen. Philip fragt Lea: „Du bist doch auch sehr dünn und ziemlich klein. Warum wirst du trotzdem nicht geärgert, aber ich werde es?"

Lea meint: „Wahrscheinlich, weil ich ein Mädchen bin. Bei Mädchen finden die Leute das nicht so schlimm oder sogar gut. Irgendwie haben einige Menschen komische Vorstellungen davon, wie andere Menschen aussehen sollen. Jungs sollen groß und stark sein und keiner soll dick sein. Aber es ist doch vollkommen egal, wie man aussieht. Wichtig ist, dass man sich gut verhält und das tun diese Kinder nicht."

Dann sagt Lea: „Aber ich wurde früher auch geärgert. Nicht, weil ich klein und dünn bin, sondern weil ich früher ziemlich schüchtern war und nicht viel geredet habe. Und in meiner Klasse ist auch ein Mädchen, das nicht gerade schlank ist. Sie wurde früher auch ganz schlimm beleidigt und ausgelacht. Aber es gab noch mehr, die geärgert wurden. Ein Junge wurde gehänselt, nur weil er eine Brille tragen musste. Und einer wurde sogar ausgelacht, weil er in der Pause sein Käsebrot gegessen hat!"

Philip und Moritz starren Lea mit großen Augen an und fragen gleichzeitig: „War denn Stinkekäse drauf?" Lea schüttelt den Kopf: „Nein, der Käse hat nach gar nichts gerochen. Ich muss es wissen, weil ich direkt neben dem armen Jungen gesessen habe. Aber ein paar Kinder in der Klasse haben einfach behauptet, dass der Käse ganz schlimm stinkt. Sie haben den Jungen dann nur noch ‚Stinker' genannt! Er war so traurig und er hat nie wieder Käsebrot mit in die Schule genommen."

Alle schweigen für einen Moment. Dann fügt Lea an: „Das ist aber alles lange vorbei. Da waren wir noch viel jünger und nur ein paar Jahre älter als ihr jetzt. Inzwischen wird bei uns niemand mehr beleidigt oder ausgelacht. Die ganze Klasse hält zusammen. Wir sind wohl alle erwachsen geworden." Philip fragt: „Habt ihr denn nichts dagegen gemacht, dass ihr geärgert wurdet?" Lea antwortet: „Nein, wir haben ein paarmal versucht, mit denen zu reden, die uns ärgern, aber es hat nichts geholfen. Dann haben wir beschlossen, uns nicht mehr darum zu kümmern. Man verschwendet nur seine Zeit und seine Energie, wenn man sich darüber ärgert. Und meistens wird es sogar noch schlimmer, weil diese Kinder es lustig finden, wenn man sich aufregt. Aber irgendwann hört es von selbst auf, ganz sicher."

Philip guckt zweifelnd. Moritz sagt: „Das sage ich ja auch immer, man darf sich gar nicht darum kümmern. Ich glaube, denen ist bloß langweilig und sie wissen nichts Besseres mit sich anzufangen, deshalb machen die so ein dummes Zeug. Oder vielleicht fühlen sie sich sogar selbst gar nicht so toll und machen andere mit Absicht schlecht, um sich besser zu fühlen!" Jetzt nickt Philip: „Ja, das kann schon sein. Es sind ja besonders die, die nicht gut in der Schule sind. Und deswegen nennen sie mich auch ‚Doof', weil sie sich selbst doof fühlen!" Moritz fragt: „Willst du mal versuchen, ruhig zu bleiben und einfach wegzuhören, wenn die wieder lachen und dumme Sprüche machen?"

Philip antwortet: „Ja, versuchen will ich es auf jeden Fall. Ob es klappt, kann ich natürlich nicht sagen." Alle lachen. Moritz sagt: „Du erinnerst mich wirklich an Asterix!" Philip lacht: „Danke, Obelix!"

Und so wird eine Idee geboren. Die beiden Freunde nennen sich jetzt immer gegenseitig „Asterix" und „Obelix", auch in der Schule vor ihren Mitschülern. Moritz meint: „So zeigen wir denen, dass wir zusammenhalten und dass die uns nichts anhaben können!" Philip sagt: „Ja, und wenn die uns doch wieder beleidigen, dann nehmen wir einen Schluck Zaubertrank, und dann... Ach nein, das wollte ich mir ja abgewöhnen!" Alle lachen. Inzwischen sind auch Philips und Leas Mama und Papa nach Hause gekommen und sie haben Moritz Eltern dabei. Die beiden Familien sind eng befreundet und freuen sich nun auf einen gemeinsamen Spieleabend. Asterix und Obelix sind guter Dinge.

Und tatsächlich, am nächsten Tag sind ihre gemeinen Mitschüler ziemlich erstaunt, dass „Dick" und „Doof" nun neue Namen haben und dass Philip-Asterix so ruhig bleibt. Sie machen zwar noch einige dumme Sprüche, aber es scheint ihnen schon nicht mehr ganz so viel Spaß zu machen. Und die anderen Kinder, die sonst immer nur gegrinst und gekichert haben, grinsen und kichern gar nicht mehr. Sie sehen Asterix und Obelix ziemlich bewundernd an. Die beiden Freunde freuen sich. Und sie sind sich einig: „Egal, was passiert, wir gehen zusammen immer durch dick und dünn!“

Ein Wiedersehen nach langer Zeit

Malte ist sieben Jahre alt und geht in die erste Klasse. Er lebt mit seiner Mama und seinem Papa in einer sehr großen Stadt. Das findet Malte nicht so gut, denn er liebt das Meer und den Wald. Die Stadt ist ihm zu laut und zu grau. Aber zum Glück wohnt die Familie in einer schönen Wohnung in einem ziemlich ruhigen Stadtteil. Die Wohnung hat einen großen Balkon mit vielen Pflanzen und es gibt in dem Stadtteil sogar einen kleinen Park. Und bald sind Sommerferien, da fährt Malte mit seinen Eltern endlich wieder an die Nordsee. Darauf freut er sich schon riesig. Aber es gibt noch etwas anderes, worauf er sich noch viel mehr freut. Besser gesagt: Es gibt jemand anderen, auf den er sich noch viel mehr freut – seine Freundin Lucy.

Lucy ist Maltes allerbeste Freundin, seit die beiden ganz kleine Kinder waren. Aber als Lucy und Malte gerade erst fünf Jahre alt waren, ist Lucys Familie nach Amerika umgezogen. Lucys Eltern kommen ursprünglich von dort und wollten wieder zurück. Das war für Malte und Lucy wirklich sehr schlimm. Sie waren beide schrecklich traurig, dass sie sich nun nicht mehr sehen konnten. Denn Amerika ist ja sehr weit weg und man kann sich nicht mal eben einfach besuchen. Für Malte war es sogar doppelt schlimm. Lucy hat nämlich noch einen fünf Jahre älteren Bruder, er heißt John und ist für Malte immer wie ein eigener großer Bruder gewesen. Für Malte war es schrecklich, Lucy und John weggehen zu lassen, und für Lucy und John war es schrecklich, dass sie weggehen mussten. Aber ihre Eltern wollten es so. Die beiden Geschwister haben sogar versucht, sich bei Malte zu verstecken, um nicht mit nach Amerika ziehen zu müssen. Aber das hat natürlich nicht geklappt.

Jetzt sind zweieinhalb Jahre vergangen. Malte und Lucy sind die ganze Zeit über in Kontakt geblieben. Sie haben übers Internet telefoniert und sich Nachrichten geschrieben. Malte weiß alles von Lucy in Amerika und Lucy weiß alles von Malte in Deutschland. Sie sind immer noch genauso gut befreundet wie vor zweieinhalb Jahren. Beim Abschied haben sie damals gesagt: „Uns kann nichts trennen, nicht mal ein großer Ozean!" Aber gesehen haben sie sich die ganze Zeit über nicht, jedenfalls nicht persönlich. Doch jetzt kommt Lucy nach Deutschland. Und sie bringt auch John und ihre Eltern mit. Aber Lucy und ihre Familie kommen nicht zu Besuch. Nein, sie kommen, um zu bleiben. Sie kommen zurück nach Deutschland, in die Stadt, wo auch Malte wohnt.

Lucy und John haben ihre Eltern die ganzen zweieinhalb Jahre lang nicht in Ruhe gelassen. Sie haben ihnen immer wieder gesagt, dass sie nach Deutschland zu ihren Freunden zurückwollen. Beide Kinder haben in Amerika keine richtigen Freunde gefunden, aber das wollten sie auch gar nicht. Sie hatten immer nur den Plan, zu ihren Freunden nach Deutschland zurückzukehren. Auch für die Schule wollten sie nicht lernen. Sie wollten einfach nur zurück. Und Malte hat von Deutschland aus mitgeholfen. Er hat Lucy und John immer wieder gesagt, dass sie nicht aufgeben dürfen. Und er hat Lucy alles beigebracht, was er hier in der Schule gelernt hat. „Wenn du wiederkommst, sollst du in meine Klasse kommen, und dann musst du das alles wissen“, hat er ihr gesagt. Jetzt wird der Traum der drei Kinder endlich wahr. Alle sind wieder zusammen. Lucys Eltern konnten es nicht länger mit ansehen, wie unglücklich ihre beiden Kinder sind. Also haben sie sich kurzerhand in ihrer alten Stadt in Deutschland neue Arbeitsplätze und eine neue Wohnung gesucht. Maltes Eltern haben ihnen dabei geholfen.

Schon nächste Woche kommen Lucy und ihre Familie zurück. Malte macht die ganze Zeit Luftsprünge vor Freude. Ob Lucy in seine Klasse kommt, ist noch nicht klar. Maltes Mama meint: „Vielleicht muss sie das Schuljahr wiederholen, weil sie ja hier noch nicht in die Schule gegangen ist und in Amerika alles nur auf Englisch gelernt hat.“

Malte schüttelt den Kopf: „Das glaube ich nicht. Ich habe ihr alles beigebracht. Und sie ist richtig gut in allem. Sogar besser als ich!“ Da die Sommerferien schon in wenigen Wochen anfangen, wird Lucy erst nach den Ferien hier zur Schule gehen. Lucy freut sich: „Neun Wochen Ferien! Und sechs Wochen davon haben wir zusammen.“ Die Kinder können es kaum erwarten, sich wiederzusehen.

Malte weiß erst seit zwei Tagen, dass sein großer Wunsch in Erfüllung geht. Außer mit seinen Eltern hat er noch mit niemandem darüber gesprochen. „Komisch eigentlich, warum habe ich das meinen Freunden noch nicht erzählt?“ denkt er jetzt. Malte hat nämlich in der Schule ein paar neue Freunde gefunden. Er hängt nicht ganz so sehr an ihnen wie an Lucy, aber sie sind ihm auch sehr wichtig und er unternimmt viel mit ihnen zusammen. Antonio und Yannick, Maltes neue Freunde, sind genau wie Malte sportbegeistert und lieben Musik. Sie wissen auch, dass Malte noch mit einer Freundin von früher in Kontakt ist, die jetzt in Amerika wohnt. Das haben sie immer ziemlich cool gefunden, denn aus Amerika kommen viele bekannte Musiker und Sportler. Und überhaupt finden Antonio und Yannick Amerika sehr spannend. Aber warum hat Malte ihnen dann noch nichts davon erzählt, dass Lucy zurückkommt?

Er weiß es selbst nicht so genau, aber irgendwie hat er ein komisches Gefühl. Er hat sich so sehr gewünscht, dass Lucy wieder nach Deutschland kommt. Aber wenn sie jetzt wirklich kommt, ändert sich alles. „Wie geht das dann, dass ich mit Lucy und auch mit Antonio und Yannick befreundet bin?“ fragt Malte sich heute Abend vor dem Schlafengehen. In fünf Tagen kommt Lucy. Er kann seinen beiden neuen Freunden ja schlecht verheimlichen, dass sie da ist. Und warum sollte er auch? Die Gedanken kreisen in seinem Kopf. Irgendwie kann Malte es sich nicht vorstellen, dass Lucy, Antonio, Yannick und er alle gleich gut befreundet sein können. Das mag daran liegen, dass er weiß, dass Antonio und Yannick nicht viel von Freundschaften mit Mädchen halten. Sie machen zwar keine blöden Sprüche über Mädchen, aber manchmal haben sie gemeint, dass Mädchen und Jungen ja unterschiedliche Interessen haben und unter sich bleiben sollten.

Am Morgen sehen Mama und Papa beim Frühstück, dass mit Malte etwas nicht stimmt. „Worüber denkst du so angestrengt nach?" fragt Papa besorgt. „Ach, nichts", antwortet Malte. Dann erzählt er es doch: „Ich mache mir Sorgen, dass die Freundschaft mit Antonio und Yannick kaputtgeht, wenn Lucy zurückkommt. Und ich mache mir noch größere Sorgen, dass die Freundschaft mit Lucy kaputtgeht."

Mama und Papa schauen Malte erstaunt an: „Warum soll denn etwas kaputtgehen?" Malte sagt: „Antonio und Yannick wollen bestimmt nicht, dass ein Mädchen dabei ist, wenn wir etwas zusammen machen. Und Lucy findet es bestimmt nicht gut, dass ich auch noch andere gute Freunde habe. Ich hab ihr zwar gesagt, dass ich mit ein paar Jungs aus der Schule gut klarkomme und mich auch mal nachmittags mit ihnen treffe, aber nicht, dass wir richtig gut befreundet sind.“ Mama fragt: „Hast du denn Antonio und Yannick noch nichts erzählt?“ Malte schüttelt den Kopf. Papa sagt lächelnd: „Dann mach das doch erstmal. Du kannst ja nicht wissen, wie sie es finden, wenn du ihnen gar nichts sagst.“

Papa hat recht, das weiß Malte. Also fasst er sich ein Herz und erzählt seinen zwei neuen guten Freunden, dass seine Freundin aus Amerika zurückkommt. Zuerst sind die beiden begeistert. Antonio sagt: „Cool, eine echte Amerikanerin! Sie kann uns alles erzählen, wie es da drüben wirklich ist!“ Und Yannick lacht: „Ja, und sie kann uns richtig Englisch beibringen!“ Malte ist erleichtert.

Aber dann fügt Yannick an: „Aber wie läuft das dann? Willst du sie dann mitnehmen, wenn wir uns treffen?“ Malte antwortet nicht. Natürlich will er sie mitnehmen. Aber er will auch keinen Streit mit Antonio und Yannick. Jetzt sagt Malte zögernd: „Warum denn nicht?“ Antonio antwortet: „Na ja, sie ist doch ein Mädchen. Das passt doch irgendwie nicht.“

Langsam wird Malte ein bisschen wütend. Er hat sich so sehr auf Lucy gefreut. Auf einmal hört er sich sagen: „Na und? Was ist schlimm daran, dass sie ein Mädchen ist? Sie ist meine beste Freundin und wir kennen uns schon ewig. Lernt sie doch erstmal kennen! Dann werdet ihr sehen, dass sie echt cool ist.“ Antonio und Yannick schauen sich an und sagen dann: „Na gut, okay. Wenn du sie cool findest, finden wir sie vielleicht auch cool.“ Dann reden die drei Jungen erstmal nicht mehr über Lucy, sondern spielen im Park Fußball.

Und nun ist der Tag gekommen, an dem Lucy und ihre Familie endlich wieder nach Deutschland zurückkommen. Malte denkt jetzt nicht an seine beiden neuen Freunde, sondern nur an Lucy und auch an John. Malte und seine Eltern empfangen Lucy und ihre Familie vor ihrer neuen Wohnung. Sie haben eine kleine Willkommensparty vorbereitet. Malte und Lucy fallen sich sofort in die Arme und dann umarmen beide zusammen Lucys großen Bruder John. Er ist inzwischen wirklich groß, er ist jetzt schon fast 13 Jahre alt und sehr viel gewachsen. Alle sind sehr glücklich und feiern den Rest des Tages mit Kuchen und Torte. Es wird viel erzählt und gelacht. Am Abend wollen Malte und Lucy sich am liebsten gar nicht trennen, aber Malte muss ja mit seinen Eltern nach Hause. Die Wohnungen der beiden Familien sind aber gar nicht weit voneinander entfernt. Lucy fragt beim Abschied: „Sehen wir uns morgen Nachmittag?“ „Klar!“ antwortet Malte freudig und umarmt seine beste Freundin noch einmal fest.

Am nächsten Tag in der Schule erzählt Malte seinen Freunden Antonio und Yannick, dass Lucy jetzt da ist. Die beiden scheinen sich nicht wirklich zu freuen. Nach der Schule fragt Antonio: „Treffen wir uns nachher noch im Park?“ „Ja, gern“, sagt Yannick. Auch Malte stimmt zu, doch dann fällt ihm ein, dass er ja schon mit Lucy verabredet ist. Was nun? „Sorry“, sagt er zu den beiden, „ich kann doch nicht kommen." Antonio und Yannick sehen ihn fragend an. Malte erklärt: „Ich habe Lucy schon versprochen, dass wir uns treffen." Eigentlich freut sich Malte sehr darauf, aber irgendwie klingt das gerade gar nicht so freudig. Yannick zuckt mit den Schultern: „Na gut, wie du meinst." Antonio fragt noch: „Wolltest du nicht eigentlich, dass wir sie kennenlernen?" Malte zögert einen Moment und sagt dann: „Ja, aber nicht gleich am ersten Tag."

Am Nachmittag trifft Malte sich wie verabredet mit Lucy. Er besucht sie in ihrem neuen Zimmer in der neuen Wohnung. Nach der Begrüßung sagt er als Erstes: „Ich hab meine Hausaufgaben mit. Wir können sie ja zusammen machen, dann zeige ich dir gleich, was wir Neues gelernt haben." Lucy schaut nach draußen. Es ist ein wunderschöner Sommertag. „Okay", sagt sie dann, „aber nicht so lange bitte. Ich möchte noch raus. Ich dachte, wir spielen Fußball zusammen oder gehen ins Freibad!" Malte nickt: „Okay, das machen wir." Es dauert wirklich nicht lange, bis Malte die Hausaufgaben fertig hat und bis er Lucy die neuen Sachen erklärt hat. Lucy versteht alles sehr schnell. „Fußball oder Schwimmen?" fragt Malte seine beste Freundin. „Fußball!" antwortet sie lachend.

In dem Moment kommt John nach Hause. Als er Malte und Lucy mit dem Fußball sieht, fragt er: „Na, ihr zwei, nehmt ihr mich mit?“ Natürlich nehmen sie ihn mit.

Die drei gehen in den Park, der ja ganz in der Nähe ist, um dort zu spielen. Malte denkt gar nicht mehr an Antonio und Yannick. Doch wer ist da auf der Wiese und spielt Fußball, als Malte mit Lucy und John in den Park kommt? Natürlich Antonio und Yannick. Sie wohnen auch ganz in der Nähe und haben ja auch schon gesagt, dass sie nachmittags Fußball im Park spielen wollen. Wie konnte Malte das vergessen? Jetzt fühlt er sich irgendwie nicht wohl. Er hatte sich auf einen schönen Nachmittag mit Lucy und John gefreut, aber nun gibt es vielleicht Stress. Zu Lucy sagt er: „Da sind zwei Jungs aus meiner Klasse. Die, mit denen ich mich manchmal treffe, weißt du.“ Lucy schaut ihren besten Freund ahnungsvoll an. „Ja, und?“ sagt sie dann. John runzelt die Stirn und fragt: „Ist das jetzt ein Problem?“

Antonio und Yannick haben Malte, Lucy und John schon bemerkt und kommen jetzt auf sie zu. Antonio sagt: „Hi, du musst Lucy sein. Ich bin Antonio und das ist Yannick.“ Lucy lächelt und antwortet: „Ja, stimmt, ich bin Lucy. Dann hat Malte also von mir erzählt? Schön, euch kennenzulernen.“ Lucy sagt den beiden nicht, dass Malte ihr nie erzählt hat, wie seine Schulfreunde heißen. Yannick sagt nun mit Blick auf den Ball, den Lucy unter dem Arm hat: „Kannst du richtig Fußball spielen?“ Lucy lacht: „Klar, soll ich es euch zeigen?“ Antonio antwortet: „Ja, das will ich sehen!“ Malte sagt nichts, er hört seinen drei Freunden nur zu. Und nun schaut er zu, wie Lucy gegen Antonio und Yannick Fußball spielt. Lucy hat richtig Spaß und Antonio und Yannick staunen.

Jetzt ruft Antonio zu Malte herüber: „Hey, willst du da nur rumstehen? Ist ziemlich unfair, wenn Lucy gegen uns zwei spielt!" Nun muss Malte lachen: „Ja, unfair für euch! Sie macht euch doch fertig!" Yannick ruft zurück: „Ja, eben! Komm mal her und hilf uns!" Kurz überlegt Malte, doch dann ruft er: „Nein, ich bin unparteiisch! Ich kann nicht gegen Lucy spielen! Und auch nicht gegen euch!" John klopft Malte auf die Schulter: „Gute Entscheidung, kleiner Bruder! Und gleich, wenn Lucy und die beiden fertig sind mit Spielen, redest du mal Klartext mit ihnen. Okay?" Malte nickt.

Nach dem Spiel setzen sich alle auf den Rasen. Lucy hat Limonade mit, die alle teilen. Antonio und Yannick staunen immer noch. Antonio sagt zu Lucy: „Mannomann, du spielst ja echt gut. Malte hatte recht, du bist echt cool. Auch wenn du ein Mädchen bist!" Lucy lacht. Die Stimmung ist entspannt. Nun atmet Malte tief durch und sagt zu seinen drei Freunden: „Ihr seid mir alle drei so wichtig, ich will euch nicht verlieren. Ich will mich nicht zwischen euch entscheiden müssen. Können wir nicht einfach alle miteinander richtig gut befreundet sein?" Lucy schaut Malte verständnislos an: „Wieso entscheiden?" Malte erklärt: „Na ja, ich bin halt auch mit Antonio und Yannick inzwischen echt gut befreundet. Ich weiß nicht, ob ich dir das so genau erzählt habe. Ich wollte nicht, dass du denkst, dass ich dich vergessen habe oder dass mir unsere Freundschaft nicht mehr wichtig ist. Du bist meine allerbeste Freundin und das soll auch immer so bleiben. Aber Antonio und Yannick sind eben auch sehr, sehr gute Freunde für mich."

Lucy guckt immer noch verständnislos: „Und warum ist das ein Problem?" Malte antwortet: „Nun ja, du bist ja ein Mädchen und Antonio und Yannick sind Jungs." Lucy lacht: „Na und? Ich hab kein Problem mit Jungs. Ihr seid doch auch nur Menschen! Und beim Fußball seid ihr gar nicht mal so schlecht." John grinst. Ja, so ist seine kleine Schwester. Jetzt lachen alle. Malte hat sich umsonst Sorgen gemacht. Seine allerbeste Freundin Lucy und seine zwei guten Freunde Antonio und Yannick verstehen sich super. „Wo das jetzt geklärt ist", sagt Antonio zu Lucy, „kannst du mir vielleicht bei den Englischhausaufgaben helfen?" Lucy lacht: „Klar, aber nur, wenn du mich im Fußball besiegst!" Das schafft er zwar nicht, aber Lucy hilft ihm trotzdem.

Malte, Lucy, Antonio und Yannick werden nun vier beste Freunde. Antonio und Yannick müssen zugeben: „Jungs und Mädchen können doch richtig gut befreundet sein!“ Aber Lucy und Malte bleiben für immer die allerbesten Freunde, die sie schon immer waren. In den Sommerferien fahren Lucy, John und ihre Eltern zusammen mit Malte und seinen Eltern an die Nordsee. Es wird ein wunderschöner Urlaub. Und nach den Ferien wird dann noch ein Traum wahr: Lucy kann auch schon in die zweite Klasse gehen und sie kommt sogar in dieselbe Klasse wie Malte, Antonio und Yannick.

Der Beste der Mannschaft

Bjarne ist zehn Jahre alt und geht in die vierte Klasse. Er lebt mit seinen Eltern in einem schönen Haus in einer kleinen Stadt. Der Garten des Hauses sieht eher aus wie ein Sportplatz. Es gibt dort ein riesiges Trampolin, zwei Fußballtore, einen Basketballkorb und eine große Kletterwand. Denn Bjarne liebt den Sport. Aber nicht nur im eigenen Garten tobt er sich aus, sondern er spielt auch Rasen-Hockey im Verein. Dort ist er der beste Spieler seiner Mannschaft.

Am liebsten fährt er aber mit seinem Roller oder seinem Longboard. Eines von beiden hat er fast immer dabei, sobald er das Haus verlässt. Er fährt damit aber nicht einfach nur, sondern er macht damit Kunststücke, bei denen die meisten nur staunen können. Mit seinen Freunden trifft er sich fast jeden Nachmittag auf der Skaterbahn der kleinen Stadt. Aber er braucht nicht mal eine Skaterbahn für seine Kunststücke. Er springt mit dem Roller oder dem Longboard durch die Luft, fliegt nahezu, springt über Hindernisse und macht allerhand andere lustige und schwierige Tricks, die ihm gerade so einfallen. Es scheint nichts zu geben, was er mit dem Roller und dem Longboard nicht machen kann. Aber eigentlich muss man sagen: Er konnte das alles. Bestimmt kann er es jetzt auch noch, aber er macht es nicht mehr. Was ist passiert?

Alles änderte sich an einem Samstag vor etwas mehr als einem Jahr. Bjarne war, wie so oft, mit seinen Freunden auf der Skaterbahn. Ein paar andere Kinder waren auch noch da. Alle haben Bjarne bewundert, wie er mit seinem Roller seine Kunststücke vollführt hat. Als er gerade einen schwierigen Sprung gemacht hat, hat auf der Straße ein Auto laut gehupt.

Bjarne war für eine Sekunde abgelenkt und hat die Kontrolle über sich und seinen Roller verloren. Er hat gemerkt, dass er nicht mehr springt, sondern fällt. Normalerweise fällt Bjarne wie eine Katze. Er dreht sich noch während des Sturzes so, dass er direkt wieder auf den Füßen landet, oder er rollt sich einmal kurz auf dem Boden ab und springt gleich unverletzt wieder auf. Doch an diesem einen Samstag hat das irgendwie nicht geklappt. Der Boden kam schneller, als Bjarne sich drehen konnte. Alle haben laut aufgeschrien.

Bjarne ist hart auf den Boden aufgeprallt, sein Roller kam in hohem Bogen hinterher und ist noch halb auf ihn gefallen. Alle sind sofort zu ihm gelaufen, denn er ist nicht gleich wieder aufgestanden. Das kannte niemand von ihm, da musste etwas Schlimmes passiert sein. Bjarne hat nicht geschrien und nicht geweint, er hat nur gemerkt, dass ihm alles schrecklich wehgetan hat und dass er sich nicht richtig bewegen konnte. Seine Freunde haben sofort einen Krankenwagen und Bjarnes Eltern angerufen. Es war für alle ein großer Schock.

Im Krankenhaus wurde dann zum Glück festgestellt, dass es doch gar nicht so schlimm war, wie es ausgesehen hat. Bjarne hatte mehrere Prellungen und Schürfwunden. Sein Kopf hat zum Glück nichts abbekommen, denn er konnte sich noch rechtzeitig mit dem linken Arm abfangen. Der linke Arm hat am meisten gelitten. Er war nicht nur total blutig, sondern auch verstaucht.

„Das ist ja nochmal glimpflich abgelaufen“, hat der Arzt zu ihm gesagt. Und dann hat er in strengem und besorgtem Ton angefügt: „Solche Tricks sind gefährlich. Ich habe hier öfter Kinder und Jugendliche im Krankenhaus, die sich bei Kunststücken mit ihren Rollern und Skateboards verletzen. Viele von ihnen haben viel schlimmere Verletzungen als du jetzt. Manche werden nie wieder ganz gesund. Du musst so etwas Gefährliches nicht machen, hörst du?“

Bjarne hat die Worte des Arztes gehört, aber er wollte sie nicht hören. Er liebt es doch so sehr, seine Tricks mit dem Roller und dem Longboard zu machen. Aber er hat genickt. Seine Eltern waren auch da und hatten den gleichen strengen, besorgten Blick wie der Arzt. Sie haben aber nicht mit ihm geschimpft. Sie waren nur froh, dass ihm nichts Schlimmeres passiert war.

Zu Hause hat Mama gesagt: „Wir haben uns schon lange Sorgen gemacht. Wir finden es zwar gut, dass du so sportlich und mutig bist, aber du darfst dich nicht in so große Gefahr bringen. Diese Sprünge und Kunststücke, das kann doch gar nicht immer gutgehen, das ist doch viel zu schwierig.“ Bjarne hat nur gemeint: „Ich kann das aber richtig gut und es ist noch nie etwas passiert. Wenn dieses blöde Auto nicht gehupt hätte, wäre ich nicht abgelenkt gewesen und dann hätte alles gut geklappt wie immer." Papa hat gesagt: „Ich glaube dir, dass du das gut kannst, und ich bewundere dich wirklich. Ich würde das auch gern können. Aber es stimmt auch, was Mama und der Arzt sagen. Es können dabei wirklich schlimme Unfälle passieren. Das hast du ja jetzt gesehen. Es kann immer sein, dass du abgelenkt wirst und dann die Kontrolle verlierst, oder auch, dass so etwas schiefgeht." Dann hat er noch angefügt: „Es ist wirklich ungünstig, dass die Skaterbahn direkt an der Straße ist. Darüber sollte man sich mal bei der Stadt beschweren."

Bjarne hat genickt. Dann hat er gefragt: „Und was nun? Darf ich jetzt nicht mehr Roller und Longboard fahren? Oder nicht mehr mit meinen Freunden auf die Skaterbahn?" Mama und Papa haben sich ratlos angesehen. Dann hat Mama gesagt: „Dein Sport ist dir so wichtig, wir wollen dir das nicht verbieten. Aber versprich uns bitte, dass du nicht mehr so riskante Sachen machst." Bjarne hat traurig geantwortet: „Okay, versprochen. Keine gefährlichen Sprünge mehr." Dann hat er angefügt: „Aber wenn wir irgendwann mal einen wirklich ruhigen Ort haben, wo wir unsere Kunststücke machen können, dann darf ich das wieder. Okay?“ Mama und Papa haben genickt.

Es hat eine Weile gedauert, bis der verstauchte Arm wieder heil war und die Prellungen nicht mehr wehgetan haben. In den Wochen hat Bjarne keinen Sport gemacht. Er ist auch nicht mal mit dem Roller oder dem Longboard zur Schule gefahren, wie er es sonst immer gemacht hat. Denn mit einem Arm kann man das Gleichgewicht nicht gut genug halten. Als dann alles endlich wieder heil war, wollte er gleich mit seinem geliebten Roller eine Runde drehen. Aber als er den Lenker in der Hand hatte und losfahren wollte, hat er ein wackeliges Gefühl bekommen. Er wusste irgendwie nicht mehr, wie er sich auf dem Roller halten sollte. „Was ist denn jetzt los, habe ich das etwa so schnell verlernt?“ hat Bjarne erschrocken gedacht.

Sein bester Freund Simon, der auch mit ihm zusammen im Hockey-Team ist, war dabei und hat Bjarne beobachtet. Bjarne hat kopfschüttelnd zu ihm gesagt: „Du, Simon, ob du es glaubst oder nicht, ich kann wohl nicht mehr fahren.“ Dann hat er gelacht, obwohl er es eigentlich nicht lustig gefunden hat. Simon hat den Kopf geschüttelt: „Doch, du kannst noch fahren. Das verlernt man nicht so einfach. Und du ganz bestimmt nicht, du bist der Beste. Ich glaub, ich weiß, was du hast.“ Bjarne hat ihn fragend angeschaut.

Simon hat geantwortet: „Versteh mich nicht falsch, das ist nicht böse gemeint. Aber ich glaube, du hast Angst."

Bjarne war empört: „Ich und Angst? Ich hab noch nie vor etwas Angst gehabt! Und ganz bestimmt nicht vor dem Roller!" Simon ist ruhig geblieben und hat erklärt: „Das ist ganz normal. Du hast einen furchtbaren Sturz gehabt. Es hat wirklich gruselig ausgesehen. Wir sind alle nur noch sehr vorsichtig gefahren, seit wir das gesehen haben. Es war für uns alle ein riesiger Schock. Aber du hast es mit deinem eigenen Körper erlebt. Für dich muss es noch viel schlimmer gewesen sein. Und wahrscheinlich erinnert sich dein Körper jetzt gerade an das, was passiert ist, und deswegen schaffst du es nicht, loszufahren wie sonst."

Bjarne hat seinen besten Freund nur angestarrt. Es hat sich so klug angehört, was er gesagt hat. Und Bjarne hat in dem Moment wirklich das gefühlt, wovon Simon gesprochen hat. Ja, er dachte wirklich an das schlimme Erlebnis auf der Skaterbahn. Und er dachte: „Wenn mir das nun nochmal passiert? Und dann vielleicht sogar etwas noch Schlimmeres geschieht? So, wie der Arzt gesagt hat?"

Er hat auch gemerkt, wie die schlimmen Gedanken ihn verunsichern und die Macht über seinen Körper übernehmen. Er konnte sich nicht frei bewegen. Und deshalb konnte er nicht mit dem Roller losfahren. „Das ist doch verrückt!“ hat er gerufen. Aber Simon hat gesagt: „Nein, das ist vollkommen normal. Mein Bruder hatte so was auch mal.“ Dann hatte Simon eine Idee: „Probier es doch mal mit dem Longboard. Das war ja bei dem Unfall nicht dabei.“ Aber auch das ging nicht. Bjarne war verzweifelt. Seitdem liegen der Roller und das Longboard im Keller. Bjarne mag nicht mal mehr da runtergehen, denn es tut zu sehr weh, das zu sehen. Er würde so gern wieder fahren. Wenigstens fahren, es müssen ja gar keine Tricks sein.

Aber es ist sogar noch schlimmer gekommen. Bjarne hat sich auf einmal gar nichts mehr zugetraut. Er ist auch nicht mehr auf seine Kletterwand im Garten gegangen und auch nicht auf das Trampolin. Er hat zu große Angst, zu stürzen. Fußball und Basketball spielt er zwar noch, aber dabei achtet er die ganze Zeit darauf, sich nicht zu verletzen. Sogar im Schulsport traut Bjarne sich kaum noch etwas zu. Er denkt immer nur daran, dass er stürzen und sich verletzen könnte. Das Problem ist auch beim Hockey-Training aufgetreten. Und so kam es, dass der Beste der Mannschaft auf einmal nicht mehr richtig spielen konnte. Zuerst hat er es noch versucht, aber bald hat er nur noch auf der Ersatzbank gesessen.

Sein Trainer Herr Meister hat ihm immer wieder gut zugeredet, aber es hat nichts geholfen. Bjarne war sehr unglücklich und ihm war das alles auch sehr peinlich. Nach zwei Monaten hat er dann ganz mit dem Hockey-Spielen aufgehört und sitzt seitdem zu Hause, während sein Team spielt. Er schaut auch seinen Freunden nicht zu, wenn sie mit dem Roller oder dem Longboard auf der Skaterbahn sind. Dorthin ist er sowieso nie wieder gegangen, seit er den Unfall hatte. Aber er mag auch einfach nicht den anderen dabei zusehen, wie sie einen Sport machen, den er auch so gern machen würde.

Bjarne ist traurig und wütend. „Warum musste mir dieser Unfall passieren? Und warum schaffe ich es nicht, einfach weiterzumachen wie vorher?“ Solche Gedanken quälen ihn Tag und Nacht. Sein bester Freund Simon und auch seine anderen Freunde halten die ganze Zeit über zu ihm und versuchen, ihn aufzuheitern und ihm Mut zu machen. Aber bisher hat alles keinen Erfolg gehabt. Herr Meister ruft mindestens einmal in der Woche bei Bjarne zu Hause an, um ihn zu überzeugen, doch wieder ins Team zu kommen. Aber Bjarne will davon nichts hören. Seine Eltern machen sich große Sorgen um ihn, weil seine Stimmung immer schlechter wird. Doch auch sie können Bjarnes Angst nicht vertreiben.

Neulich hat Mama zu ihm gesagt: „Wenn du keinen Sport mehr machst, dann such dir doch wenigstens ein anderes Hobby, das dir Spaß macht." Bjarne ist wütend geworden: „Ich will kein anderes Hobby! Ich will meinen Sport machen!" Papa hat gefragt: „Warum machst du es dann nicht einfach?" Da ist Bjarne noch wütender geworden: „Weil ich es nicht kann! Ihr versteht mich einfach nicht!" Dann ist er in sein Zimmer gelaufen und den ganzen Tag nicht wieder rausgekommen.

Nur mit Simon kann Bjarne ganz offen über seine Angst sprechen. „Ich dachte, das vergeht vielleicht mit der Zeit", sagt Bjarne jetzt verzweifelt, „aber es ist immer schlimmer geworden." Simon antwortet: „Klar, weil du dir ein riesiges Angstgespenst aufgebaut hast und es wird immer größer und stärker, je weniger du dir zutraust. Irgendwann gehst du nicht mal mehr zu Fuß." Bjarne sieht seinen besten Freund sehr erschrocken an: „Meinst du das im Ernst?" Simon nickt: „Ja, das kann sein. Ich weiß ja einiges über das

Thema von meinem Bruder. Du musst dich endlich überwinden und deine Angst besiegen. Du willst doch frei sein und dein Leben so leben, wie du möchtest, oder?“

Bjarne nickt. Dann fragt er: „Wie läuft es eigentlich beim Hockey? Werdet ihr diesmal Regionalmeister?“ Simon antwortet: „Du meinst wohl ‚Werden wir diesmal Regionalmeister‘? Du gehörst immer noch zum Team dazu. Aber ich fürchte, das mit der Meisterschaft klappt nicht. Das Spiel morgen können wir nicht schaffen. Die Gegner sind einfach zu gut. Die haben in der ganzen Saison noch nicht einmal verloren!“ Und dann fügt er an: „Mit unserem besten Spieler hätten wir bestimmt eine Chance. Aber der spielt ja nicht mit.“ Bjarne schaut betreten auf den Boden. Er fühlt sich schuldig. Soll sein Team den großen Traum von der Meisterschaft aufgeben, weil er Angst hat?

Simon sieht, dass Bjarne nachdenkt. Er sagt: „Bitte, Bjarne, tu es für uns. Überwinde deine Angst. Wir brauchen deine Unterstützung. Es ist doch nur ein Hockey-Spiel. Da ist kein Roller und keine Skaterbahn und du springst nicht hoch durch die Luft. Selbst wenn du hinfällst, ist das nicht so schlimm. Du bist doch unten auf dem Boden.“ Bjarne sagt nichts. Er stellt sich vor, wie er Hockey spielt. Ja, da ist kein Roller und keine Skaterbahn. Er springt auch nicht durch die Luft. Er ist unten auf dem Boden. Das ist doch etwas ganz anderes. Jetzt erinnert er sich an die Hockey-Spiele, bei denen er mitgespielt hat. Er sieht sich, wie er über den Rasen läuft, geschickt den Gegenspielern ausweicht und Tore schießt. Dann der Jubel von den Zuschauern, seinen Mitspielern und seinem Trainer. Ein tolles Gefühl.

„Bjarne?" fragt Simon, „hörst du mir noch zu? Wir brauchen dich! Nur mit dir können wir es schaffen!" Bjarne nickt: „Okay, ich will euch helfen. Ich will es versuchen. Aber ich habe so lange nicht gespielt. Ich weiß nicht, ob ich es noch so kann wie früher." Simon jubelt und fällt seinem besten Freund um den Hals. Dann sagt er: „Klar kannst du es noch! Nachher ist Training. Komm einfach gleich mit. Herr Meister und die anderen werden Augen machen!" Bjarne geht wirklich mit zum Training. Sein Team freut sich riesig und ist sehr erleichtert. Bjarne fühlt sich noch etwas unwohl, aber er will mittrainieren und zwar richtig, wie vor dem Unfall. „Du schaffst das!" sagt Simon. Und er hat recht. Beim Training spielt Bjarne plötzlich wieder so unbefangen und gut wie früher. Er ist sehr glücklich. Endlich hat er das Gefühl, wieder frei und stark zu sein.

Dann kommt der Tag des großen Spiels. Bjarnes Eltern sind natürlich da und auch alle Freunde aus der Schule. Alle sind sehr aufgeregt und freuen sich riesig, dass Bjarne wieder Hockey spielt. Bjarne selbst freut sich am meisten. Und das sieht man auch auf dem Spielfeld. Das Hockey-Feld scheint ihm zu gehören, ihm und seinem Team. Bjarne wirbelt über den Platz und macht ein Tor nach dem anderen. Es ist, als würde die ganze sportliche Energie, die er so lange nicht genutzt hat, auf einmal aus ihm herauskommen. Bjarnes Team gewinnt haushoch. Das Glück ist perfekt. „Wir sind Regionalmeister!" jubeln alle zusammen und liegen sich in den Armen.

Alle klopfen Bjarne auf die Schultern und bedanken sich bei ihm: „Ohne dich hätten wir das nicht geschafft!" Bjarne lächelt glücklich und bescheiden. Er sagt zu seinem Team: „Ihr müsst mir nicht danken, ich muss euch danken. Ich habe mich seit über einem Jahr nicht mehr so gut gefühlt. Endlich kann ich wieder spielen. Das habe ich mir so sehr gewünscht!" Später wird natürlich noch groß gefeiert. An diesem Abend schläft Bjarne sehr glücklich und ruhig ein.

Das Hockey-Spielen ist nun kein Problem mehr. Aber was ist mit dem anderen Sport, den Bjarne sonst noch gemacht hat, und besonders mit dem Roller und dem Longboard? Fußball und Basketball spielt er wieder genauso unbefangen wie Hockey. Auch auf die Kletterwand und auf das Trampolin hat er sich inzwischen wieder getraut. Dabei war ihm aber zuerst noch ein bisschen unwohl, denn da kann man ja aus größerer Höhe fallen. Doch er hat es gewollt und er hat es geschafft, hat sich auch das Trampolin und die Kletterwand zurückerobert. Bjarne fühlt sich schon wieder richtig mutig und sportlich. Nur der Roller und das Longboard liegen immer noch im Keller.

„Willst du denn nicht mehr Roller und Longboard fahren?", fragt Simon. Bjarne antwortet: „Doch, aber..." Simon unterbricht ihn: „Kein ‚Aber'. Du willst es. Also mach es. Hockey hast du auch gewollt und gemacht. Und du gehst sogar schon wieder auf die Kletterwand. Was kann dir passieren, wenn du einfach mit dem Roller und dem Longboard fährst? Du bist doch auf dem Boden. Vom Fahren allein passiert dir nichts. Du musst es nur machen und nicht drüber nachdenken. Sonst wirst du unsicher und wackelst da nur komisch rum. Denk nicht nach, dann fährst du ganz sicher. Glaub mir, probiere es einfach." Die Worte wirken.

Bjarne holt den Roller aus dem Keller. Simon wartet mit seinem eigenen Roller oben. „Los, komm!" ruft er und fährt los. Und Bjarne fährt ihm hinterher. Auf einmal geht es. Bjarne hat seinen besten Freund schnell eingeholt und überholt. Die beiden Jungen lachen. Plötzlich ist die Welt wieder in Ordnung. Bjarne ist wieder frei, seine Angst ist weg. Er macht sogar schon wieder ein kleines Kunststück, aber ein ungefährliches. Denn Bjarne, Simon und ihre Freunde haben verstanden, was der Unterschied zwischen Angst und Vernunft ist. Simon hat es allen erklärt: „Angst ist ein Gespenst, das dich daran hindert, dein Leben frei zu leben. Vernunft ist etwas Gutes, das dich vor echten

Gefahren beschützt." Angstgespenster will niemand, aber echte Gefahren will auch niemand.

Riskante Sprünge machen Bjarne und seine Freunde nicht mehr. Aber sie finden, dass es auch so Spaß macht, mit dem Roller und dem Longboard zu fahren. Und sie haben sich schon viele neue Tricks ausgedacht, bei denen man nicht so schwer stürzen kann. Endlich lebt Bjarne sein Leben wieder frei und glücklich. Und falls er doch nochmal einen Unfall bei einer seiner Sportarten haben sollte, hat er sich geschworen: „Nächstes Mal lasse ich das Angstgespenst nicht wachsen, sondern trainiere sofort weiter!"

Gute Ideen und ein fester Wille

Lionel ist neun Jahre alt und wohnt mit seinen Eltern und seiner Katze Tiger in einem kleinen Dorf mitten in der Natur. Es ist ein schönes, ruhiges und friedliches Dorf. Die Familie fühlt sich hier sehr wohl. Besonders toll ist, dass es direkt neben dem Dorf einen großen Wald gibt, wo man die Natur erkunden und beobachten kann. Man kann in dem Wald und auf den vielen anderen Wegen durch die grüne Landschaft aber auch wunderbar Fahrrad fahren.

Lionel und seine Eltern sind begeisterte Radfahrer. Nur Tiger kann natürlich nicht Rad fahren. Aber sie läuft auch gern allein durch das Dorf, während ihre Menschen mit den

Fahrrädern unterwegs sind. Lionel wird von allen nur Lio genannt. Sein Papa hat in dem Dorf ein Fahrradgeschäft. Man kann dort Fahrräder kaufen und auch reparieren lassen. Obwohl das Dorf so klein ist, läuft der Laden gut. Das liegt wohl daran, dass es der einzige Fahrradladen in der Umgebung ist. Alle Leute aus den anderen Dörfern kaufen hier ihre Fahrräder und bringen sie zur Reparatur. Sogar Menschen aus den weiter entfernten kleinen Städten kommen in den Laden von Lios Papa. Lio weiß von seinem Papa alles über Fahrräder und hat auch schon früh gelernt, sie zu reparieren. Er hilft auch gern im Laden, wenn er gerade nichts anderes zu tun hat.

Aber Lio hat noch ein ganz anderes Hobby. Es ist sogar viel mehr als ein Hobby für ihn. Er hat eine richtig gute Fotokamera und seit seinem letzten Geburtstag auch eine neue gute Videokamera. In der schönen Natur macht er interessante Fotos und dreht tolle Videos. Seine Eltern und sein Bruder bewundern Lios Fotos und Videos. Er hat eine ganz besondere Begabung. Alles, was vor seine Kameras kommt, wird zum Kunstwerk. Am meisten bewundert ihn aber sein bester Freund Mikael. Die beiden gehen zusammen in die dritte Klasse und sind schon ihr Leben lang die allerbesten Freunde. Mikael ist selbst auch ein Künstler, denn er malt und zeichnet sehr gern und sehr gut. Zusammen sind die beiden oft im Wald unterwegs, um Motive für ihre Kunstwerke zu suchen. Und sie kommen immer mit vielen tollen Bildern zurück. Natürlich fährt Mikael auch gern Fahrrad. So kommen die beiden Freunde schnell überallhin und müssen ihre Ausrüstung nicht tragen, denn diese können sie ja bequem in den Fahrradtaschen verstauen.

Lios Papa findet es nicht ganz so schön, dass Lio so viel mit Mikael und seinen Kameras unterwegs ist. Er meint, Lio sollte mehr Zeit bei ihm im Fahrradladen verbringen. „Du hast doch früher auch so viel Spaß dran gehabt, mir mit den Fahrrädern zu helfen“, sagt er heute wieder vorwurfsvoll beim Abendessen. Lio antwortet: „Ja, das war ja auch so. Aber jetzt fotografiere ich eben lieber und drehe Videos.“ Das war ehrlich und direkt. Zu ehrlich und direkt für Lios Papa. Er ist sehr enttäuscht und ärgert sich über Lio. Eigentlich ist Lios Familie liebevoll und harmonisch, alle verstehen sich gut und sagen sich offen alles.

Aber Papa liebt eben auch sein Fahrradgeschäft. Und er möchte, dass Lio es genauso liebt. Jetzt sagt er offen, was er denkt: „Es ist ja schön, dass du so viel Spaß an den Fotos und Videos hast. Du kannst das ja auch wirklich gut. Aber du sollst doch später mal meinen Laden übernehmen. Ich habe den Eindruck, das willst du gar nicht mehr!“

Lio bleibt fast sein Essen im Hals stecken. Das will er gar nicht mehr? Das hat er noch nie gewollt! Sein Papa hat anscheinend Lios Zukunft geplant, ohne ihn zu fragen. Lio hat ganz andere Pläne. Er weiß mit seinen neun Jahren schon sehr genau, was er nach der Schule machen will. Und das sagt er jetzt auch: „Papa, ich will doch aber Fotograf und Filmer werden.“ Nun lächelt Mama: „Aber das bist du doch schon. Das ist wirklich ein schönes Hobby. Aber leben kann man davon nicht.“ Lio antwortet empört: „Hobby? Es ist nicht nur ein Hobby. Ich meine das ernst. Ich will von der Fotografie und den Videos leben. Das geht, ich weiß das.“

Papas Gesicht sieht gar nicht erfreut aus. Er sagt ärgerlich: „Und was soll aus meinem Fahrradgeschäft werden? Du musst das übernehmen, du bist unser einziges Kind. Und außerdem, was für ein Quatsch, man kann nicht von Fotos und Videos leben!“

Lio und Mama sind ziemlich erschrocken, denn Papa hat sehr laut gesprochen. Er scheint wirklich wütend zu sein. Lio ist jetzt auch wütend. Aber er beherrscht sich und sagt nur: „Das ist kein Quatsch. Überlegt euch doch mal, wie die ganzen schönen Bilder in die Naturzeitschriften, in die Bücher und in die Naturfilme im Fernsehen kommen. Das waren solche Leute wie ich, Leute mit Kameras, die die Bilder da reingebracht haben, damit ihr sie ansehen könnt. Das möchte ich auch machen, und das werde ich auch. Ich weiß, dass ich das kann. Aber ich möchte noch mehr. Ich möchte große Ausstellungen machen, richtige Kunstausstellungen, wo meine Fotos als große Bilder an den Wänden hängen und meine Videos auf einer riesigen Leinwand laufen. Ganz viele Leute kommen dann dahin, um sich das anzusehen und die Bilder auch zu kaufen. Mikael und ich wollen das zusammen machen. Wir wollen Kunst studieren."

So, jetzt ist es raus. Eigentlich wollte Lio seinen Eltern noch lange nichts davon erzählen, was Mikael und er vorhaben. Er hat schon geahnt, dass sie es nicht gut finden würden. Und so ist es auch. Mama und Papa starren Lio fassungslos an, als ob er ihnen etwas ganz Schreckliches erzählt hätte. Bevor sie etwas antworten können, sagt Lio: „Ich bin fertig mit essen und gehe jetzt in mein Zimmer. Ich muss noch für Englisch lernen. Dabei brauche ich Ruhe.

Gute Nacht." Eigentlich hat er noch Hunger und eine Englischarbeit steht auch nicht an, aber er möchte nicht weiter beim Essen streiten. Er möchte gar nicht streiten. Er möchte nur, dass seine Eltern ihn verstehen und ihn bei seinen Plänen unterstützen. Mikael hat Glück, seine Eltern stehen hinter ihm und sind stolz auf seine künstlerische Begabung. Das wünscht sich Lio auch von seinen eigenen Eltern.

Am nächsten Morgen sprechen Lio und seine Eltern kein Wort miteinander. Später erzählt Lio seinem Freund Mikael von dem Gespräch gestern Abend. Mikael sagt besorgt: „Lass dich auf keinen Fall von deinem Plan abbringen. Es ist dein Leben. Dein Papa kann nicht von dir verlangen, dass du seinen Laden übernimmst, wenn du es nicht willst." Lio schüttelt den Kopf: „Nein, natürlich lasse ich mich nicht davon abbringen. Die Kunst ist mein Leben."

Am Abend ist Papa noch nicht zu Hause, denn er muss noch länger im Laden arbeiten. Das Fahrrad eines wichtigen Kunden muss bis morgen repariert werden. Mama nutzt die Gelegenheit, um allein mit Lio zu sprechen: „Versteh Papa doch bitte. Sein Laden ist ihm doch so wichtig." Lio sagt nichts. Aber er denkt: „Bin ich ihm denn nicht wichtig?" Als Papa nach Hause kommt, stellt Lio ihm genau diese Frage: „Papa, wen liebst du eigentlich mehr, deinen Laden oder mich?" Papa sieht Lio schockiert an: „Was für eine Frage, natürlich dich. Du bist doch mein Sohn." Er kann nicht anders, er möchte Lio in den Arm nehmen, obwohl er immer noch enttäuscht ist.

Aber Lio weicht zurück und fragt: „Warum ist es dir dann nicht wichtig, dass ich glücklich bin?" Papa antwortet erschrocken: „Aber das ist mir doch wichtig!" Lio schüttelt den Kopf: „Das sieht für mich im Moment nicht so aus. Ich werde ganz sicher nicht glücklich, wenn ich deinen Laden übernehmen muss. Ich will Kunst studieren und von meinen Fotos und Videos leben. Das macht mich glücklich."

Papa sieht Lio verzweifelt an: „Aber es geht doch nicht nur um den Laden. Es geht auch darum, dass du später genug Geld verdienst. Künstler sind immer arm." Lio schüttelt energisch den Kopf: „Das ist doch meine Sache. Es ist mein Leben. Und ich glaube fest daran, dass ich damit genug Geld verdienen kann. Ich muss ja nicht reich werden. Zum Leben wird es schon genug sein, besonders, wenn ich noch Naturfotos und Filme für Zeitschriften und fürs Fernsehen mache. Und ich kann damit auch noch etwas Gutes tun."

Mit den Fotos und Videos von der Natur zeige ich den Leuten, wie schön die Natur ist, und dann verstehen sie vielleicht endlich, dass wir sie schützen müssen."

Papa hat keine Idee mehr, was er sagen soll. Er schaut Mama hilfesuchend an. Mama versucht, eine Notlösung zu finden, um den Streit zu beenden: „Lio, du bist doch noch so jung. Du kannst doch jetzt noch gar nicht wissen, was du später wirklich machen willst." Aber der Versuch bleibt erfolglos. Lio sagt energisch: „Doch, das weiß ich. Ich bin mir absolut sicher." Mama und Papa wissen, dass man Lio nichts ausreden kann. Er hat schon immer seinen eigenen Kopf gehabt. Papa gibt für heute auf und sagt: „Wollen wir eigentlich auch noch etwas essen? Ich habe Hunger." Lio möchte aber lieber allein in seinem Zimmer essen. Mama und Papa widersprechen nicht.

Am nächsten Tag ist Samstag, da ist Lio den ganzen Tag mit Mikael und seinen Kameras im Wald unterwegs. Das tut ihm gut, der Ärger und die Sorgen der letzten Tage verschwinden. Mikael fragt nicht, ob Lio nochmal mit seinen Eltern gesprochen hat. Er hat an seinem Gesichtsausdruck am Morgen gesehen, dass das Gespräch nicht gut gelaufen ist. Jetzt am Abend, als Lio nach Hause muss, kommt der

Gesichtsausdruck zurück. Mikael sagt: „Kopf hoch. Unser Studium beginnt erst in zehn Jahren. Und dann bist du erwachsen und kannst alles ganz allein entscheiden. Du darfst dich nur nicht von deinem Weg abbringen lassen." Lio verzieht das Gesicht: „Zehn Jahre!" Mikael antwortet grinsend: „Die vergehen schnell. Das ist doch nur etwas mehr als die Zeit, die wir schon auf der Welt sind!" Jetzt müssen die beiden Freunde doch lachen.

Heute isst Lio doch mal wieder mit Mama und Papa Abendbrot. Aber er hat sich geschworen, dass er sofort aufsteht, wenn es wieder Streit gibt. Doch Mama und Papa wollen anscheinend auch keinen Streit mehr. Sie reden über alles Mögliche, aber nicht über den Fahrradladen und auch nicht über das Kunststudium. Es wird sogar mal wieder gelacht. Und dann beschließen Lio und seine Eltern, morgen zusammen eine Radtour zu machen. Als Lio später allein in seinem Zimmer ist, kommen ihm auf einmal Zweifel.

Er denkt: „Es ist doch Papas schöner Laden. Und ich mag doch Fahrräder und den Laden auch so gern. Es wäre doch schade, wenn es den Laden nicht mehr geben würde. Und wo kaufen und reparieren dann die ganzen Leute ihre Fahrräder?“ Lio weiß auf einmal nicht mehr, was richtig ist.

Da öffnet sich die Zimmertür, aber nur ein bisschen. Nein, es ist kein Geist, es ist Tiger. Tiger kann Türen öffnen. Und jetzt kommt Tiger durch den Türspalt herein. Sie schaut Lio mit leicht schrägem Kopf an, als würde sie fragen: „Hey, was ist los? Was sitzt du da so traurig rum?“ Dann springt sie auf seinen Schoß und rollt sich dort zusammen. Lio streichelt Tiger und Tiger schnurrt. „Ach, Tiger“, sagt Lio, „was soll ich bloß machen?“

Tiger schaut hoch zu Lio und sieht ihm direkt in die Augen. Lio erzählt: „Du hast ja bestimmt schon mitbekommen, dass Papa will, dass ich sein Fahrradgeschäft später mal übernehme. Aber ich will doch Kunst studieren und ganz tolle Fotos und Videos machen, die die ganze Welt sieht.

Was ist denn nun richtig? Wie soll ich mich entscheiden?“ Tiger stupst Lio aufmunternd an, dann springt sie herunter auf den Boden. Doch wo geht sie hin?

Sie will nicht raus, sie hat etwas anderes vor. Sie läuft schnurstracks zu dem Regal, wo Lios Kameras liegen. Dort setzt sie sich hin und schaut Lio auffordernd an. Lio muss lachen: „Bist du dir sicher, Tiger?“ Tiger macht eine Bewegung mit dem Kopf, als würde sie nicken, und sagt energisch: „Miau!“ Lio lacht noch mehr. Er macht schnell mit seinem Handy ein Foto von Tiger vor der Fotoausrüstung und schickt es seinem Freund Mikael. Dazu schreibt er: „Ich hatte gerade einen Durchhänger. Aber Tiger hat mir gesagt, was das Richtige für mich ist.“ Sofort kommt eine Nachricht von Mikael zurück: „Gut, dass Tiger auf dich aufpasst, wenn ich nicht da bin.“ Nun geht Lio zu Tiger, die immer noch vor dem Regal sitzt, und setzt sich zu ihr auf den Boden. „Danke, Tiger!“ sagt er liebevoll. Tiger kuschelt sich an ihn und antwortet: „Miau!“ Das soll wohl heißen: „Gern geschehen. Sag mir Bescheid, wenn du mal wieder Hilfe brauchst.“

Am nächsten Tag macht Lio wie verabredet mit seinen Eltern die Fahrradtour. Aber er nimmt seine Kameras mit.

Er fotografiert und filmt die schöne Natur, aber auch seine Mama und seinen Papa. Die beiden sehen, wie glücklich Lio ist, wenn er eine Kamera in den Händen hält. Mama sagt leise zu Papa, sodass Lio es nicht hört: „Es liegt ihm so sehr am Herzen. Wir können ihm doch nicht seinen Lebenstraum verbieten." Papa sagt nichts, aber er sieht nachdenklich aus. Auch Lio denkt nach. Er will auf jeden Fall Kunst studieren und das Fotografieren und Filmen zu seinem Beruf machen. Mikael und Tiger stehen ja auch hinter ihm.

Aber wie soll er Mama und Papa davon überzeugen? Mikael hat zwar recht damit, dass sie ihm später, wenn er erwachsen ist, nichts verbieten und vorschreiben können. Aber er will nicht über seine Zukunft streiten. Er will Frieden in der Familie und er will, dass alle glücklich sind und sich gegenseitig verstehen und unterstützen. Plötzlich kommt ihm eine Idee. Aber er will erst mit seinen Eltern darüber sprechen, wenn sie von dem Ausflug zurück sind. Vielleicht gibt es doch wieder Streit und das wäre unterwegs zu schade.

Beim Abendessen erzählt er dann, was er sich ausgedacht hat: „Papa, Mama, ich habe viel nachgedacht. Ihr wisst ja, dass ich Kunst studieren will und von meinen Fotos und Videos leben will. Dabei bleibe ich auch. Das könnt ihr mir nicht verbieten, ich bin dann ja schon erwachsen. Aber ich will nicht, dass wir ständig darüber streiten. Ich verstehe dich auch, Papa, und mir ist dein Laden auch wichtig. Aber ich will dafür nicht meine eigenen Pläne aufgeben. Das würde mich unglücklich machen. Ich möchte bitte, dass du mich auch verstehst, dass ihr beide mich versteht. Und ich wünsche mir, dass ihr zu mir haltet und mich auf meinem eigenen Weg unterstützt, auch wenn es nicht der Weg ist, den ihr euch für mich vorgestellt habt. Aber ich möchte auch den Laden retten. Papa, du bist ja auch noch jung und kannst sowieso noch ganz lange selbst arbeiten. Und wenn du das irgendwann nicht mehr kannst, habe ich eine Idee, wie ich meine Kunst machen und trotzdem den Laden übernehmen kann."

Papa schaut Lio fragend an. Lio erklärt seine Idee: „Ich brauche nur jemanden, der sich um alles kümmert, wenn ich nicht da bin. Mir kann der Laden ja gehören, aber ich muss ja nicht selbst dort arbeiten oder eben nur manchmal. In meiner Klasse sind ein paar Jungs und Mädchen, die auch ganz begeistert von Fahrrädern sind. Du kennst sie ja auch, sie kommen ja oft in den Laden. Einer von ihnen wird sich bestimmt gern um den Laden kümmern. Nils hat sogar schon mal gesagt, dass er gern auch einen Fahrradladen haben würde. Also, ich meine, dass ich der Ober-Chef bin und über alles Wichtige entscheide, aber meistens nicht da bin. Und deswegen gibt es dann einen Unter-Chef, also Nils oder jemand anderen von meinen Freunden, der da so arbeitet wie du jetzt. Dann bleibt der Laden in der Familie und läuft weiter, aber ich kann trotzdem machen, was ich will. Was sagt ihr?“ Mama und Papa haben aufmerksam zugehört. Jetzt sagt Papa: „Das ist eine wirklich gute Idee. Warum bin ich da nicht selbst drauf gekommen?“ Alle lachen erleichtert.

Auch Mikael ist sehr erleichtert, als Lio ihm am nächsten Tag von dem Gespräch erzählt. „Siehst du“, sagt er, „man braucht nur gute Ideen und einen festen Willen, dann schafft man alles.“ Das Foto von Tiger vor der Fotoausrüstung hat Lio auch an Mama und Papa geschickt. Papa hat es groß ausgedruckt und gerahmt. Jetzt hängt es im Wohnzimmer, damit sich alle immer daran erinnern, was das Richtige für Lio ist.

Abschließende Worte

Das war spannend, oder? Hat es dir auch Spaß gemacht, all diesen tapferen Jungs dabei zuzusehen, wie sie stark waren und das Richtige gemacht haben? Mir hat es Spaß gemacht.

Du kannst das auch! Jeder von uns trägt innere Stärke in sich, jeder von uns kann für sich und andere einstehen, andere Menschen akzeptieren und den Mut haben, zu sagen, was gesagt werden muss. Du kannst das auch!

Ich wünsche dir, dass du Mut hast, wenn du ihn benötigst, stark bist und klug und in schwierigen Situationen einen klaren Kopf bewahrst, um richtig zu handeln.

Du bist ein toller Junge, lass dir niemals etwas anderes erzählen!

Wir danken Ihnen für Ihr Interesse und Ihr Vertrauen. Als Dankeschön dafür, haben wir eine besondere Überraschung. Wir haben exklusiv für Sie **„100 Übungen für Kinder, um mehr Selbstbewusstsein zu erlangen“**. Und diese erhalten Sie vollkommen kostenlos. Das klingt wunderbar? Dann warten Sie nicht lange und holen Sie sich Ihr Gratis-Geschenk.

Hier geht es zu Ihrem Gratis-Geschenk:

https://forms.gle/W2y7fBjRJnUfE77e6

1. **Öffnen Sie die Kamera-App auf Ihrem Smartphone und richten Sie die Kamera auf den QR-Code.**
2. **Klicken Sie auf den Link, der Ihnen angezeigt wird und schon werden Sie zur Website weitergeleitet.**

Impressum

Herausgeber: Pegoa Global Media GmbH / Am Sandtorkai 27 / 20457 Hamburg
Kontakt: kontakt@pegoamedia.de
Coverbild: Shutterstock

Haftungsausschluss:
Die Nutzung dieses Buches und die Umsetzung der enthaltenen Informationen, Anleitungen und Strategien erfolgt auf eigenes Risiko. Der Autor kann für etwaige Schäden jeglicher Art aus keinem Rechtsgrund eine Haftung übernehmen. Haftungsansprüche gegen den Autor für Schäden materieller oder ideeller Art, die durch die Nutzung oder Nichtnutzung der Informationen bzw. durch die Nutzung fehlerhafter und/oder unvollständiger Informationen verursacht wurden, sind grundsätzlich ausgeschlossen. Rechts- und Schadenersatzansprüche sind daher ausgeschlossen. Dieses Werk wurde sorgfältig erarbeitet und niedergeschrieben. Der Autor übernimmt jedoch keinerlei Gewähr für die Aktualität, Vollständigkeit und Qualität der Informationen. Druckfehler und Falschinformationen können nicht vollständig ausgeschlossen werden. Es kann keine juristische Verantwortung sowie Haftung in irgendeiner Form für fehlerhafte Angaben vom Autor übernommen werden. Die bereitgestellten Analysen, Vorschläge, Ideen, Meinungen, Kommentare und Texte sind ausschließlich zur Information bestimmt und können ein individuelles Beratungsgespräch nicht ersetzen. Alle Informationen dieses Buches entsprechen dem Kenntnisstand zum Zeitpunkt des Verfassens dieses Buches. Eine Haftung für mittelbare und unmittelbare Folgen aus den Informationen dieses Buches ist somit ausgeschlossen.
Informieren Sie sich weitläufig aus unterschiedlichen Quellen und bedenken Sie, dass am Ende nur Sie für die Entscheidungen verantwortlich sind.

Haftung für externe Links:
Unser Angebot enthält Links zu externen Websites Dritter, auf deren Inhalte wir keinen Einfluss haben. Deshalb können wir für diese fremden Inhalte auch keine Gewähr übernehmen. Für die Inhalte der verlinkten Seiten ist stets der jeweilige Anbieter oder Betreiber der Seiten verantwortlich. Die verlinkten Seiten wurden zum Zeitpunkt der Verlinkung auf mögliche Rechtsverstöße überprüft. Rechtswidrige Inhalte waren zum Zeit-punkt der Verlinkung nicht erkennbar.